DR. PAULO VALZACCHI

HO'O PONO PONO

O SEGREDO HAVAIANO PARA A
SAÚDE, PAZ E PROSPERIDADE

HO'OPONOPONO: O SEGREDO HAVAIANO
PARA A SAÚDE, PAZ E PROSPERIDADE

Copyright© Editora Nova Senda

Editor: Décio Lopes
Revisão: Luciana Papale
3ª impressão | Dezembro de 2021

DADOS INTERNACIONAIS DE CATALOGAÇÃO NA PUBLICAÇÃO

Valzacchi, Paulo

Ho'oponopono: O Segredo Havaiano para a Saúde, Paz e Prosperidade/ Dr. Paulo Valzacchi – São Paulo – Editora Nova Senda, 2021.

Bibliografia.
ISBN 978-85-66819-22-9

1. Ho'oponopono 2. Autoajuda 3. Esoterismo I. Título

Proibida a reprodução total ou parcial desta obra, de qualquer forma ou por qualquer meio, seja eletrônico ou mecânico, inclusive por meio de processos xerográficos, incluindo ainda o uso da internet sem a permissão expressa da Editora Nova Senda, na pessoa de seu editor (Lei nº 9.610, de 19.02.1998).

Direitos exclusivos reservados para Editora Nova Senda.

EDITORA NOVA SENDA
Rua Jaboticabal, 698 – Vila Bertioga – São Paulo/SP
CEP 03188-001 | Tel. 11 2609-5787
contato@novasenda.com.br | www.novasenda.com.br

Dedicatória

À minha esposa e companheira fiel de todos os momentos, Rosangela Alemi Valzacchi, que por toda a minha jornada tem me incentivado doando sua paciência e amor.

Ao meu filho, Paulo César Alemi Valzacchi, e minha filha, Monise Alemi Valzacchi Melo, por me darem a oportunidade única de amá-los e poder sentir sempre a presença de cada um deles em meu coração com a mais profunda gratidão.

A todos os meus ancestrais que de alguma maneira me trouxeram até este exato momento.

Agradecimento

Agradeço a todas as pessoas envolvidas nesse projeto, aos alunos e pacientes que atendo em meus cursos diários e que me proporcionam o enriquecimento de compreender melhor o universo no qual vivemos.

E ao amigo Décio Lopes, por sua ampla visão e conhecimento da necessidade humana na senda do crescimento e evolução espiritual e pelo seu trabalho de profundo valor.

Sumário

Introdução 11

1. O que é Ho'oponopono 13

2. Origens e Segredos – Kahuna e Huna 15
   Huna: a origem do Segredo...15
   Dr. Len e Morrnah Simeona 17

3. Para que Serve o Ho'oponopono? 23

4. A Base de Tudo – A Sabedoria Universal 25
   Primeiro Postulado 25
   Segundo Postulado 27
   Terceiro Postulado 28
   Quarto Postulado...29
   Quinto Postulado 30
   Sexto Postulado..30
   Sétimo Postulado 31

5. Como Realizar a Prática no Dia a Dia? 33
   Como realizar a minha petição? 34

6. As Quatro Frases de Luz e a Filosofia 100% Responsável.....39
   Sou 100% responsável 41

7. Mantras de Luz – Sinto Muito 45

8. Mantras de Luz – Me Perdoe.....................................53

9. Mantras de Luz – Eu Te Amo 59

10. Mantras de Luz – Obrigado 65

11. Os Sete Pilares ou Princípios da Filosofia Huna 71

Pilar 1: Ike 72

Pilar 2: Kala 78

Pilar 3: Makia 82

Pilar 4: Manawa 87

Pilar 5: Aloha 91

Pilar 6: Mana 96

Pilar 7: Pono 101

12. Emoções Tóxicas 107

13. A Técnica da Regressão Zero® 111

14. As Orações Específicas no Ho'oponopono 117

Oração original 120

Oração para o perdão 122

15. Perguntas e Respostas 125

16. O Ritual Completo com os 12 Passos
Originais do Ho'oponopono 133

17. Petições 143

18. Casos de Sucesso – Relatos 151

19. Ho'oponopono e Constelação Familiar 155

20. Considerações Finais 159

Introdução

Seja bem-vindo caro leitor.

Ao escolher este livro para sua leitura, posso afirmar com toda certeza, que o caminho de uma grande transformação interior se aproxima. Este trabalho foi direcionado a uma das técnicas que vem sendo muito difundida no meio terapêutico nos dias atuais, o *Ho'oponopono*[1], cujas raízes remonta a épocas muito antigas.

Meu objetivo é fazer com que seu interesse vá além de aprender uma técnica. Quero que revolucione completamente a sua vida, em todos os aspectos, sejam eles: profissional, pessoal, emocional, espiritual, físico ou mental.

Primeiro vamos entender de forma clara, simples e coerente de onde surgiu essa técnica especial. Depois entraremos na história do povo havaiano, sendo fundamental conhecer as raízes, os princípios e a filosofia envolvida neste estudo. Finalmente, teremos contato com a prática diária, o entendimento de como realizar passo a passo esta metodologia que abre nossos olhos para um mundo totalmente diferente.

---

1. Técnica de limpeza de memórias e reconciliação, de origem havaiana, que significa "corrigir erros". Tema que abordaremos em todo o livro.

Inicialmente, iremos entender os Sete Pilares da Filosofia do Ho'oponopono e como cada conceito pode se encaixar em nossa vida diária de forma prática e objetiva. Posteriormente, chegaremos a temas especiais como a limpeza das feridas emocionais, a cura da nossa criança interior, descreveremos as técnicas especializadas de regressão zero e as orações que podemos praticar diariamente.

Reuni aqui, toda a sabedoria prática para que o leitor aumente o poder da sua consciência; cure sua vida; tenha uma jornada mais leve e objetiva, na qual tudo fará sentido e encontre um profundo significado em tudo isso que, por fim, o direcionará ao caminho do crescimento pessoal e ao seu despertar.

Sinta-se diante de um mundo de infinitas possibilidades, de puro conhecimento, que poderá transformá-lo em plena sabedoria se souber como colocar em prática todas essas experiências.

Vamos juntos trilhar esse extraordinário mundo de aprendizados!

1

O que é Ho'oponopono

HO'OPONOPONO É UMA TÉCNICA DE CURA, que significa na língua original falada no Havaí "corrigir um erro ou acertar o passo", ou melhor, ativar um processo de reconciliação. Está baseado em um tradicional sistema de cura chamado Huna, proveniente das ilhas da Polinésia. No Havaí, eles acreditam que a chave para viver uma vida irrestrita está em despertar e integrar a mente subconsciente, o consciente e o poder espiritual.

Falamos que Ho'oponopono é um sistema de limpeza do subconsciente, pois tem a capacidade de liberar memórias, muitas das quais podem estar lhe causando limitações, stress, ansiedade, culpas, ressentimentos, mágoas, raiva, medos, melancolia, depressão, ciúmes, revolta e muitos outros conteúdos negativos.

O subconsciente é nossa parte de armazenamento emocional, é onde guardamos todas as lembranças emocionais na memória. Trata-se de uma esponja poderosa que absorve detalhes que nem sempre a área consciente consegue acolher. É o responsável por tudo que manifestamos em nossa vida.

Imagine o quanto temos de memórias dolorosas dentro de nós, manifestando-se de forma imperfeita e interferindo na saúde integral de nossa existência. Essas memórias determinam muito de nossas ações, escolhas e atitudes de forma automática. Se essas memórias emocionais estiverem distorcidas, de forma geral, repetiremos padrões distorcidos que nos levam a não conseguir atingir certos objetivos, sempre fazendo com que andemos em círculos, recaindo nos mesmos erros, nos mesmos obstáculos, no mesmo modo de agir e, por fim, no sofrimento constante.

Vamos utilizar o Ho'oponopono com a propriedade e função de limpar essas memórias.

O Ho'oponopono se baseia em disciplinas e filosofias extraordinárias, que vão levá-lo à libertação, ao crescimento do seu poder interior e a uma plena capacidade de entender, aceitar e criar novas condições para a sua vida.

Para fechar essa explicação sobre o mecanismo envolvido na limpeza, deixo aqui expresso que tudo se resume em uma integração do seu querer com a intenção, que age de forma coordenada na mente consciente, no subconsciente e no superconsciente, ou seja, você conecta esses três Eus por meio de orações e práticas específicas, e envia ao divino essa intenção, que reage movimentando energias para que o seu propósito seja alcançado de acordo com outros processos mais profundos.

2

Origens e Segredos – Kahuna e Huna

Huna: a origem do Segredo

UTILIZADO DESDE TEMPOS REMOTOS PELOS NATIVOS do Havaí, *Huna* [2] significa "segredo" ou "conhecimento secreto" e expressa uma filosofia de vida, cujo objetivo não era manter um conhecimento oculto aos demais, mas realmente compreender as interações com o lado invisível ou oculto de todas as coisas e fazer bom uso disso. Sendo assim, um significado mais abrangente de *Huna* seria "conhecimento dos segredos da Vida".

Desde tempos longínquos, desenvolveu-se na Polinésia (um conjunto de ilhas do Pacífico Sul – onde se localiza o Havaí) uma filosofia que culminou na tradição chamada *Huna*. Os nativos das ilhas do Havaí eram chamados de *Kahunas* [3] ou "Guardiães do Segredo". Além de detentores da tradição e das artes secretas, e de uma vasta sabedoria sobre a magia da cultura havaiana, eles eram reconhecidos como sacerdotes.

---

2. Doutrina de desenvolvimento pessoal e espiritual dos antigos havaianos.
3. Os Kahunas são os detentores dos segredos, das práticas e conhecimentos xamânicos.

Dessa forma, *Huna* é a doutrina "secreta" dos *Kahunas*, que quando estudados, refletem a profunda compreensão que eles têm acerca dos mecanismos psicológicos e físicos do ser humano e da energia vital que liga o homem ao resto do Universo. Os modos de comunicação entre Consciência, Força Vital e Matéria Invisível são os alicerces da doutrina havaiana e o puro caminho para o desenvolvimento pessoal e espiritual.

Huna, portanto, foi o nome dado à antiga filosofia espiritual do Havaí pelo explorador americano Max Freedom Long, um dos pioneiros a tentar desvendar os conhecimentos e hábitos tão ricos desse povo e, por definição final, é um conjunto de conhecimento e experiências que contribuem para que o homem definitivamente entenda a si mesmo e o Universo em que habita.

Falar sobre o povo havaiano é falar de uma cultura riquíssima, da qual eles usam toda uma linguagem diferenciada, que se relaciona e muito com a nossa psicologia, com a medicina e outras áreas do nosso conhecimento atual.

Suas crenças são extremamente interessantes, eles falam sobre a vida, a morte, o bem e o mal, as emoções, a consciência, os poderes psíquicos e de curas, tudo de forma diferenciada. Suas interpretações se alinham, e muito, ao conhecimento de hoje.

Engana-se quem acredita que o Ho'oponopono seja a única prática de cura dos havaianos, eles primam por dietas, remédios naturais, rituais de cura, objetos energizados, manipulações físicas como massagens, abordagem mentais, tratamentos e curas divinas, além de possuírem um código de conduta próprio.

Difícil é acreditar que, por centenas de anos, vivia no Havaí um povo extremamente sábio, quase intocável, e que somente em meados dos anos de 1920 eles foram descobertos e colonizados. Até o presente momento, ainda se mantém muitos pontos em profundo desconhecimento sobre esse povo.

No xamanismo havaiano temos profetas, curandeiros, feiticeiros, mágicos, espiritualistas e paranormais, todos devidamente divididos em três grupos de classes de conhecimento e aprendizados que faziam parte dos *Kahunas*, os detentores dos segredos: OS EMOCIONAIS, ordem *KU*, que abordava os aspectos sensoriais e emocionais da vida; A ORDEM LONO, que era voltada aos aspectos da inteligência e da mecânica e tinha como contingente os navegadores, astrônomos e engenheiros; e A ORDEM KANE, os intuitivos e espiritualistas. Por fim, cabe ressaltar, que havia os renegados, que usavam essas artes para finalidades do mal.

A filosofia Huna tem uma visão muito profunda em relação ao bem e o mal, às leis da natureza, à responsabilidade por suas ações e é detentora do rico sistema filosófico que iremos abordar.

Dr. Len e Morrnah Simeona

Como tudo chegou até nós?

Poucas pessoas sabem que a prática da filosofia Huna foi sufocada pela colonização religiosa estrangeira e que, durante décadas, essa cultura ficou camuflada em cânticos, danças, músicas e outras práticas. A partir dos anos 1980, começou um período de liberdade religiosa e, assim, a cultura floresceu. Graças a Morrnah Simeona (1913 – 1992), uma das últimas *Kahunas* ou sacerdotes de cura reconhecida, essa maravilhosa prática de certa forma sobreviveu e chegou até nós. Morrnah era praticante de curas e realizava uma massagem chamada

Lomi Lomi, que utiliza os princípios de diagnósticos e curas ancestrais, além de orações e intenções para cura, reproduzindo uma técnica própria para trazer o Ho'oponopono para cada um de seus pacientes de forma individual.

A prática do Ho'oponopono na cultura havaiana sempre foi realizada de forma familiar, grupal e não individual. Para entender melhor essa mudança, vamos analisar como ele era praticado anteriormente, e como foi adaptado para a nossa realidade atual. Lembre-se de que, o Ho'oponopono original era um processo com 12 etapas, hoje, de certa maneira atualizado, ele se resume a apenas uma petição e alguns mantras.

O Ho'oponopono tinha como objetivo corrigir, restaurar e manter as boas relações entre membros de uma família e também de um grupo, com seus deuses ou Deus, chegando a causa e a fonte dos problemas. Normalmente, é o membro mais antigo da família que une e conduz os trabalhos.

O processo começa com a oração. Uma declaração do problema é feita, e a transgressão discutida. Espera-se que os membros da família trabalhem com problemas e cooperem, e não se "prendam à culpa" ou punições. Um ou mais período de silêncio pode ser usado para reflexão sobre o emaranhamento das emoções e erros. Os sentimentos de todos são reconhecidos. Na sequência, ocorre a confissão. O arrependimento e o perdão são formulados e concedidos. Assim, todos os fios com o passado são cortados, e juntos, fecham o evento com uma festa cerimonial de gratidão.

A versão utilizada por Morrnah Simeona é composta de 12 passos e é influenciada por sua educação cristã e seus estudos filosóficos sobre a Índia, China e Edgar Cayce. Com a tradição havaiana, ela enfatiza a oração, a confissão, o arrependimento e a restituição e perdão mútuo. Ao contrário da tradição havaiana, Simeona descreve os problemas apenas como os efeitos do carma negativo, dizendo que "você tem que experimentar por si mesmo o que fez com os outros", mas ressalta que somos o criador da nossa vida.

Todo erro é memorizado dentro de nós e refletido em cada entidade e objeto que estava presente quando a causa aconteceu. Como a Lei de Causa e Efeito predomina em nossa vida, o propósito de sua versão é principalmente "liberar" experiências infelizes e negativas e resolver e remover traumas dos "bancos de memória".

Partindo daí, segue a nossa história em direção a um de seus alunos, Dr. Ihaleakala Hew Len, que depois de seis anos, após a morte de sua professora, em 1992, escreveu um livro com revelações sobre essa prática de cura, trazendo a nova ideia de que o objetivo principal do Ho'oponopono é chegar ao "estado zero", onde teríamos zerado as nossas memórias traumáticas.

Para chegar a esse estado, Dr. Len inclui o uso do mantra:

Sinto Muito – Me Perdoe – Eu Te Amo – Sou Grato.

Seus trabalhos determinam a necessidade de assumir total responsabilidade pelas ações de todos e não somente as suas. Len define que a responsabilidade total se baseia na projeção interior de cada ser humano, como um grande espelho onde tudo que está lá fora, é uma projeção de tudo o que temos dentro de nós, ao limpar aqui, limpamos lá fora, é o que ele intitula de memórias compartilhadas.

Todo esse mecanismo foi comprovado com grande eficiência por meio de trabalhos profissionais, surpreendendo a todos com a forma com que ele chegou a essas impressionantes conclusões.

Dr. Len trabalhou em parceria com Kahuna Simeona no Hospital Psiquiátrico Estatal do Havaí, por um período de quatro anos. Esse local possuía várias alas psiquiátricas, dentre elas uma com 23 pacientes de alto grau de periculosidade, sendo muitos até criminosos. O hospital passava por dificuldades em manter um quadro de funcionários estável em vista dos perigos existentes, ou seja, os funcionários simplesmente desistiam do trabalho por medo das consequências de possíveis agressões que poderiam ter. Tamanho era o grau de medo dos funcionários, que eles caminhavam pela ala com as costas viradas contra a parede, com receio de serem atacadas pelos pacientes, embora esse seja um procedimento de prevenção até os dias atuais.

Imagine como é trabalhar em um lugar tão desagradável, com uma atmosfera de medos e incertezas. A exemplo disso, só para que tenha uma ideia, assista alguns filmes nacionais que relatam de forma bem fiel os nossos hospitais psiquiátricos. O relato mais impressionante do Dr. Len é que ele realizou um trabalho, utilizando-se da técnica de Ho'oponopono, sem nunca ter visto sequer um paciente. Ele simplesmente tinha em mãos as fichas dos pacientes, analisava-as, revisava-as e começava o seu trabalho de cura interna. E aqui está o mais fascinante dos seus relatos:

Eu trabalhava com tudo o que eles tinham; todos os seus desvios e perturbações, em mim mesmo. Depois de um determinado período de tempo, os pacientes começaram a obter a cura. Leia-se: Depois de alguns meses, os pacientes que estavam em sistema de encarceramento puderam andar livremente, disse ele. Outros que eram submetidos a fortes doses de medicamentos psiquiátricos, foram alterando seus comportamentos gradativamente, e doses menores puderam ser aplicadas, e por fim, muitos foram liberados mediante supervisão.

Em todo o relato produzido pelo Dr. Len, que ficou mundialmente conhecido com a publicação do livro do autor Joe Vitale, ficamos impressionados quanto ao teor das informações contidas. Realizando uma busca mais profunda sobre o tema, podemos dizer que a cura dos pacientes é verídica, o Hospital Estatal no Havaí realmente possui informações precisas sobre a estadia e trabalhos do Dr. Len e de Simeona. Porém, existem algumas controvérsias no que diz respeito ao uso da técnica dos 12 passos do Ho'oponopono realizada por Simeona ou da técnica simplificada atual, tudo nos leva a crer, historicamente, que as curas foram realizadas a partir do conjunto de tradições dos 12 passos do processo de cura Ho'oponopono e de que a participação do Dr. Len foi mais como aluno e coadjuvante do que propriamente o chefe dos trabalhos. No entanto, isso não tem um impacto tão profundo em vista dos relatos dos milhares de testemunhos de sucesso com a técnica atualizada.

3

Para que Serve
o Ho'oponopono?

POR SE TRATAR DE UMA PODEROSA TÉCNICA de limpeza, este método pode nos ofertar:

- Paz interior, felicidade e sucesso.
- Redução do estresse diário seja no trabalho, seja nos relacionamentos.
- Possibilidade de melhor entendimento com os filhos.
- Desatar nós com antigos relacionamentos afetivos.
- Agregar amor e união no matrimônio.
- Liberar a pessoa das drogas ou vícios.
- Corrigir problemas de fracassos profissionais.
- Criar harmonia em seu trabalho.
- Acabar com brigas entre vizinhos, inquilinos, parentes.
- Aliviar as dúvidas em relação as mais diversas áreas de sua vida.
- Proteger e libertar de males espirituais.
- Proporcionar alívio de doenças físicas e da dor do luto.
- E ainda uma infinidade de outros objetivos desde que pautados em um processo de profunda coerência, disciplina e expansão do entendimento, amor, gratidão e perdão.

4

A Base de Tudo – A Sabedoria Universal

Existem Sete Postulados ou princípios dentro da filosofia Huna, eles permitem que as pessoas desenvolvam os seus sonhos ou projetos de vida com uma abordagem mais realizadora, repleta de paz, equilíbrio e com um novo sentido de sua existência. Vou abordar aqui, uma percepção e compreensão profunda do tema, explicando cada Postulado para que o leitor possa, além de captar a essência, colocá-los em prática no seu cotidiano.

Primeiro Postulado

O universo físico é uma realização dos seus pensamentos, da sua percepção mental. Na filosofia havaiana, a estimulação do fluxo emocional pode vir dos seus pensamentos ou de um evento externo. De qualquer forma, são os pensamentos que perpetuam a emoção. Uma mudança de pensamento pode mudar as emoções que cada pessoa experimenta.

Quando usamos o termo emoção, quero representar também um conjunto de pensamentos que disparam esses estímulos, baseados em crenças, formulações, ideias, que sugere uma definição a qual chamamos de "pressuposição".

Vamos analisar melhor:

As pressuposições que as pessoas têm sobre si mesmas e a vida em geral são consideradas a fundação sobre a qual elas baseiam todo o seu comportamento. As pressuposições fornecem uma estrutura básica por meio da qual a experiência é medida, testada e avaliada, e a qual determina a resposta à experiência. Elas são absolutamente necessárias para que possamos agir neste mundo. Aprendemos a lidar com elas, em sua maioria, no início da vida, com nossos pais, familiares, amigos e outras pessoas. Uma criança tem de fazer pressuposições sobre a vida para sobreviver, e uma das primeiras é a de que os pais devem saber como é a vida e, portanto, as pressuposições deles devem ser válidas. Na verdade, as crianças raramente aceitam todas as pressuposições dos pais e das outras pessoas do seu convívio, mas fazem escolhas por meio de algum processo interior de decisão que ninguém conhece totalmente. Numa determinada família, uma criança pode aceitar a crença dos pais de que o mundo é um lugar perigoso. Outra criança, na mesma família, pode rejeitar essa ideia e achar que o mundo é um lugar amistoso. As pressuposições aceitas se tornam os programas que determinam o comportamento, tanto mental quanto físico.

Se uma pressuposição sobre a realidade não é conscientemente rejeitada, ou se não entra em conflito direto com as pressuposições existentes, então ela é aceita como verdade pelo indivíduo. Uma vez incorporadas, as pressuposições geralmente são esquecidas, embora continuem operando em nosso comportamento de forma automática. Nesses casos, elas se tornam um jeito tão familiar de interpretar o mundo que acabam sendo ignoradas conscientemente. A mente consciente remete a um lugar escuro, repleto de objetos, já a percepção consciente é como uma lanterna que só pode revelar um número limitado desses objetos (crenças, lembranças, pensamentos) por vez, mas com o potencial de iluminar qualquer coisa na sala.

Se você se acostuma a olhar em apenas uma direção, pode esquecer as belas antiguidades nas prateleiras no canto da sala; pode ignorar a cor do azulejo da cozinha e nem olhar mais para ele e pode ter uma gaveta cheia de coisas assustadoras que, se puder evitar, nunca mais vai abrir.

Num certo sentido, a mente subconsciente é encarregada de incorporar as pressuposições em sua memória e no seu sistema comportamental. Não há o uso da vontade aqui, só o impulso de seguir ordens, como um computador.

Nosso universo físico, portanto, baseia-se inteiramente em nossas pressuposições, que são um conjunto de ideias e pensamentos, motivo pela qual, somos todos completamente diferentes em nossos comportamentos, pensamentos e ideias, mas de certa forma extremamente fáceis de sermos manipulados em nossa realidade.

Segundo Postulado

Entendendo perfeitamente o sentido do Primeiro Postulado, fica fácil absorver o segundo:

Se seus pensamentos são negativos,
eles criam uma realidade igualmente negativa.

Dessa forma, se seus pensamentos estão alicerçados em crenças como, por exemplo, o mundo é perigoso, tudo ao seu redor terá uma conotação perigosa, não porque você vai atrair riscos ou perigos para sua vida, mas sim pelo fato de estar completamente focado no risco, no medo, na insegurança, e assim, toda essa carga emocional vai gerar bloqueios emocionais e trarão pensamentos distorcidos.

Por fim, podemos concluir algo fundamental: o mundo é neutro, mas é você que, ancorado em sua percepção, monta a sua realidade, a seu modo.

Terceiro Postulado

Se os seus pensamentos são harmônicos,
eles criam uma realidade física transbordando amor.

Embora pareça um Postulado autoconclusivo, temos aqui uma revelação poderosa, afinal, o que são pensamentos harmônicos?

Pare por um minuto e reflita:

Grande parte da desarmonização da nossa forma de pensamento é proveniente de mecanismos egoístas, ou seja, o egoísmo basicamente está inserido em todos os nossos processos mentais destrutivos e distorcidos e, consequentemente, revelam a nós uma realidade de amplo sofrimento. O oposto é extraordinariamente a chave com a qual podemos transformar toda nossa experiência e realidade. Pensar com amor produz um efeito saudável de afastamento do egoísmo, do medo, da raiva, da individualização, e permite estarmos imersos em uma realidade abundante, próspera e integralmente saudável.

Seguindo essa definição, identificamos a possibilidade de que podemos remodelar nossos pensamentos com o uso dos mantras do Ho'oponopono, isso influenciará nosso modo de comportamento, nossas atitudes e, por conseguinte, nossa realidade física.

Quarto Postulado

A meu ver, o alicerce da filosofia se baseia nesse preceito:

Você é 100% responsável por criar
seu universo físico e de como ele é.

Esse é um Postulado desafiador. Sempre comento em meus cursos que, se ao chegarmos neste mundo, tivéssemos a nossa disposição essa informação de que eu sou 100% responsável, tenho certeza de que o mundo seria completamente diferente.

Na essência, esse Postulado tem como objetivo fundamental dois fatores:

- Ampliar o seu nível de consciência, tirando-o da escuridão e trazendo-o para um plano mais objetivo e concreto. Seu nível de consciência determina que toda a ação (escolha) tem uma reação (consequência) e que não estamos isolados diante dessas ocorrências, mas sim que existe uma conexão entre todas elas.

- E mostrar que essa lei segue um caminho de ponderabilidade, ou seja, ela é para todos.

A conclusão mais assertiva a respeito desse Postulado é que se colocarmos ele em prática no nosso entendimento mais íntimo, perceberemos que temos o poder em nossas mãos para escolher melhores caminhos, tomar melhores atitudes e de lembrarmos que somos os construtores de nossa vida, entendendo melhor cada escolha diante da projeção das causas e de seus efeitos. Porém, ao nos eximirmos dessa realidade, o mundo se torna um dramático e complexo sistema de apontamento de culpados, reclamações constantes, sofrimentos e permanecemos por um bom tempo remando contra o fluxo da existência.

Quinto Postulado

Você é 100% responsável por corrigir os pensamentos desarmônicos que criam a realidade não saudável.

Quando fazemos um balanço de nossa vida e encontramos dificuldades, a nossa principal reação é apontar para fora, sempre para fora. O nosso julgamento tende a seguir incessantemente essa direção. Procuramos culpados, esquecemos de todos os postulados e brigamos com o mundo, com as pessoas e com Deus. Ao perceber que estamos amargurados, ressentidos, frustrados, que o nosso nível de energia está baixo e estamos desmotivados e vitimizados, ficamos de certa maneira doentes, e essa doença é mental, emocional e irá se alastrar para o campo físico.

Essa é a anatomia mais simples para determinar a realidade não saudável. Portanto, uma das alternativas que temos é a de corrigir esses pensamentos negativos. O Ho'oponopono nos permite essa correção.

Sexto Postulado

Não existe lá fora, tudo existe como pensamento em sua mente.

Quando nos damos conta da profundidade desse Postulado, toda nossa concepção do mundo pessoal, dos processos de aceitação e entendimento se revelam. É preciso entender o conceito de que todas as pessoas são grandes espelhos. O indivíduo se relaciona com espelhos, todos os comportamentos de todas as pessoas estão dentro de cada indivíduo, logo, está tudo interligado. Por não entendermos isso de forma clara gastamos uma enorme energia tentando a todo custo mudar as pessoas, mudar o mundo, mudar a vida, esquecendo permanentemente de algo: mudar a si mesmo.

Observe ao seu redor, veja a tremenda energia que é gasta para mudar o comportamento de alguém e, na maioria das vezes, sem sucesso algum. Não dá para estar dentro da pessoa e alterar sua conduta, além de isso ser uma tremenda agressão à individualidade, é um desrespeito, o que demonstra imaturidade psicológica.

É preciso assimilar que se tudo está dentro de nós, então precisamos descobrir o que temos de melhor. Precisamos descobrir sim nossas habilidades, mas também nossos limites. Observar nossos pensamentos como se fossem nuvens passando, apenas observar para onde eles irão nos levar, e não permitir que eles nos escravizem, mas, sim, que nos liberte. Esse é o grande aprimoramento.

Sétimo Postulado

Esse Postulado foi agregado como forma única para se entender de onde surgem todas as nossas misérias, todo nosso sofrimento, escassez material, dores emocionais, vazio existencial, problemas espirituais e tudo o que nos afeta direta ou indiretamente, levando a mais profunda desconexão.

Todo o nosso sofrimento é causado pelo egoísmo.

Depois de anos na estrada da auto-observação, de analisar as pessoas, do entendimento de que criamos a nossa realidade, nossos problemas e desarmonias em todas as áreas da vida, ficou extraordinariamente claro para mim que o egoísmo é a raiz de todas as causas mais profundas de nossas dores.

O egoísmo é a armadilha mais poderosa do ego, junto ao medo, elas são arrasadoras, manipuladoras, individualistas, competitivas, exclusivistas, individualistas e extremamente persuasivas, levando-nos ao caminho do descontrole, ciúmes, vaidade, orgulho e ao caminho da escuridão.

O antídoto é apenas um: o amor. Vamos abordar de forma clara e profunda esse tema no Pilar cinco do Ho'oponopono para, definitivamente, desfrutar dessa libertação.

5

Como Realizar
a Prática no Dia a Dia?

A PRÁTICA DO HO'OPONOPONO É BEM SIMPLES, mas exige alguns ajustes especiais para que seu grau de êxito seja maior.

Neste primeiro momento, vamos aceitar de forma figurativa que o Ho'oponopono é uma oração.

Essa oração é formada por duas partes. A primeira delas é como um pedido; nós a chamamos de petição. A segunda, é um conjunto de quatro palavras, eu as chamo de palavras de luz, outros autores as chamam de mantras. Esse é um termo usado para facilitar o entendimento, no entanto, o mantra tem origem na tradição hinduísta e não na havaiana, o que sugere um grosseiro erro de linguagem, porém, popularmente, podemos designar assim.

O que é necessário para a realização dessa prática?

PRIMEIRO: pratique num horário pré-definido, em que regularmente possa dirigir a oração naquele tempo, isso nos traz disciplina na prática.

SEGUNDO: procure um lugar calmo, tranquilo, de preferência sem interrupções. O local escolhido é muito importante, pois quanto mais pessoal e sagrado for, mais sutis são as energias que estarão nele. Em geral, incensos são acesos para perfumar o ambiente, deixando um aroma agradável e suavidade na vibração. Velas e músicas relaxantes também podem ser usadas, mas há quem prefira o silêncio. Faça de acordo com sua necessidade pessoal, siga sua intuição. Mas, lembre-se, nenhum desses detalhes são rigorosamente necessários, eles são facultativos e não pertencem ao ritual do Ho'oponopono. É o que chamamos de facilitadores, afinal, vai existir uma conexão com a divindade, fazendo uma ponte entre o seu Deus interno e o Deus externo, não precisando necessariamente de muitos artefatos para essa conexão, o mais importante é a sua intenção.

TERCEIRO: sempre, antes de começar, respire profundamente por alguns minutos e tenha em mãos a sua petição para iniciar o processo (veremos detalhadamente a seguir).

QUARTO: a estrutura da oração basicamente se dispõe da seguinte forma:

- Um ciclo = petição = Deus, limpe em mim (diga o objetivo).
- Diga as quatro palavras de luz e as repita por 5 minutos.
- Repita o ciclo por 3 ou 4 vezes. Apenas isso.

Como realizar a minha petição?

A primeira fase na construção da petição para a prática do Ho'oponopono é buscar um objetivo.

O fato é que toda oração, solicitação de limpeza, de cura, de desbloqueio são baseadas no seu objetivo, que deve ser claro, coerente e autêntico.

Toda a estrutura de um objetivo está baseada em uma necessidade. A pergunta que mais se encaixa à nossa proposta é: o que realmente eu quero?

Bem, nós devemos mudar essa pergunta para: de que eu realmente preciso?

Querer, em geral, traz muito egoísmo: muito para força do ego e pouco para força amorosa.

Para proceder ao encontro real do seu objetivo, pare, observe e analise o que o está incomodando. Pode ser raiva, mágoa, tristeza, ansiedade, medos. Tendo o conhecimento do que o está afligindo, fica fácil saber do que quer se libertar. Às vezes, não conseguimos definir um objetivo exato, pois o problema em si é muito complexo e, na maioria das vezes, desconhecemos suas causas. Quando isso acontece, podemos lançar mão de um objetivo mais amplo, que chamamos de genérico.

Observe que é mais coerente, inclusive para ampliar o seu crescimento pessoal, que se faça uma análise do problema que está enfrentando, buscando as raízes dessa adversidade, para, posteriormente, focar num objetivo concreto e prioritário.

Quanto mais próximo da raiz do aborrecimento, mais perto estará da identificação do problema-chave. Com essa descoberta, poderá perceber a sua corresponsabilidade real e desfrutar de uma visão mais ampla de todo o processo.

Dando continuidade, temos agora, um objetivo claro, definido, e assim, podemos encaixá-lo em nossa oração inicial.

Veja a estrutura da oração do Ho'oponopono conhecendo alguns exemplos práticos:

Deus, limpe em mim (diga o objetivo e fale os 4 mantras por pelo menos 5 minutos)

SINTO MUITO – ME PERDOE – EU TE AMO – OBRIGADO.

Repita o processo por três ou quatro vezes.

Sinta a petição, sinta a frase, comprometa-se com a divindade, conecte-se. Não faça o processo de forma mecânica, as palavras de luz devem ser marcadas no seu coração, ecoar na sua mente e levá-lo a um estado de purificação.

Vejamos esse exemplo:

Suponhamos que no momento atual exista mágoas de sua parte em relação ao seu companheiro (e isso o está incomodando). Observe os modelos de petição para essa situação:

Deus, limpe em mim todas as minhas mágoas em relação ao meu marido.

Vamos supor que esteja triste em relação a uma pessoa.

Deus, limpe em mim a tristeza que tenho em relação a _____ (diga o nome da pessoa).

Agora, suponhamos que seja uma ansiedade profunda.

Deus, limpe em mim toda a ansiedade.

Existem situações das quais nem sempre sabemos exatamente o que está causando nosso sofrimento ou a dificuldade encontrada. Nesses casos, usamos a petição genérica.

Vamos exemplificar a necessidade de se conseguir um emprego, mas sem saber a causa pela qual está tendo dificuldade.

Deus, limpe em mim tudo o que está bloqueando meu caminho profissional.

Deus, limpe em mim tudo o que está bloqueando meu sucesso financeiro.

Deus, limpe em mim tudo o que está bloqueando meu objetivo de encontrar um emprego.

Agora, um exemplo de um desejo pessoal do qual tem real necessidade:

Deus, limpe em mim tudo o que está bloqueando o meu processo de emagrecimento.

Nos capítulos finais deste livro, compilei uma série de petições construídas para que possa utilizar no seu dia a dia, facilitando o procedimento, mas o ideal é que cada pessoa faça a construção de suas próprias petições de acordo com seus objetivos.

Cabe aqui registrar um ponto fundamental: Ho'oponopono não é uma lâmpada mágica, ele não foi criado para cumprir seus desejos egoísticos, o que não faria sentido nenhum. Ho'oponopono é um processo de parceria com o Divino. Uma possibilidade de entrar em contato com sua divindade interior, de se conectar ao seu Deus. Nessa ponte existe um trabalho em conjunto, em parceria com a divindade. Não adianta cruzar os braços e dizer "faça isso ou faça aquilo". As portas estarão abertas, mas quem vai percorrer o caminho é você.

Lembre-se: nada de gênio, nada de lâmpadas mágicas, nada de Deus no formato de escravo pessoal. Ao dizer, Deus, criamos um compromisso que vai muito além do egoísmo, é uma parceira de amor, gratidão, perdão e responsabilidade. Por isso, para estabelecer esse propósito, é necessário entender exatamente o poder que existe nas quatro palavras de luz e o caminho que seu coração e sua mente precisam percorrer para se conectar a divindade.

6

As Quatro Frases de Luz e a Filosofia 100% Responsável

BEM-VINDO A UM MUNDO INCRIVELMENTE NOVO, a partir de agora, considere-se apto a dar um salto em seu nível de consciência. Para isso, é preciso seguir a jornada das quatro palavras de luz e dar um novo e amplo significado a todas as suas experiências. Para se preparar para tudo o que vem a seguir, coloque-se num estado de plena receptividade.

Com o intuito de auxiliar nesse processo, peço sempre aos meus alunos que respirem.

Respirar, esse é o princípio de tudo.

Imagine seu cérebro agora, do jeito que sempre respirou. Respirações curtas, fracas, descompassadas, por vezes imersas no automático. As taxas de oxigenação no seu cérebro e corpo são mínimas e a sua energia circula nessa mesma frequência.

Observe que quando realizamos um exercício físico, nosso cérebro oxigena, nossa mente se sente viva. Embora o corpo se canse, ele também sente os efeitos positivos da oxigenação.

Minha pergunta aqui é: por que é importante oxigenar o cérebro?

Porque o oxigênio é vida, ele ativa as células cerebrais, os neurônios, tem o poder de alterar os padrões mentais, enriquece a memória, transforma toda a química do cérebro e, com isso, conseguimos entrar em estados extremamente satisfatórios de plena abertura.

Portanto, hoje, vamos respirar!

Mas, será que respiramos corretamente?

Não se preocupe se, ao fazer essa pergunta a si mesmo, tenha se engasgado. Afinal, não damos muita atenção ao ato de respirar e nos distanciamos constantemente dessa sábia prática. Acabamos por não aproveitarmos dos incríveis benefícios de algo tão simples.

Aprenda agora uma respiração eficaz, de maneira descomplicada, que chamamos de três por três e que vai ajudá-lo a manter a mente clara. Lembre-se de usá-la sempre que puder, principalmente durante aqueles estados dos quais quer se libertar, como quando está com medo, raiva, ansiedade. Anote isso: a boa respiração vai libertá-lo de vários estados mentais negativos e abrir sua mente para novas percepções.

Então, vamos lá:

Primeiro, respire pelo nariz contando até três. Depois, pare e retenha o ar, espere e conte até três, depois solte o ar pela boca esvaziando os pulmões. Faça isso novamente por pelo menos dez vezes de forma natural. INSPIRE, RETENHA E SOLTE. Esse é o ciclo.

Não tenho dúvidas de que agora irá perceber que está bem mais preparado para entrarmos nesse novo mundo.

Sou 100% responsável

Todo o alicerce da filosofia do Ho'oponopono está baseado nesta simples, mas poderosa afirmação: sou 100% responsável. Ao conhecer os aspectos sobre a sabedoria universal nos capítulos anteriores, foi possível entender essa equação de maneira bem clara. Na verdade, ela promove uma tremenda mudança em todos os nossos aspectos comportamentais.

Vamos entender um pouco sobre a nossa anatomia mental e emocional. Quando algo não vai bem ou está dando errado, em geral procuramos por um culpado. Isso faz parte da natureza intrínseca do ser humano. Fuga, escapismo, medo, desamor, a não aceitação das consequências e responsabilidades são frutos de um sistema primitivo que comanda nossa vida, o ego.

De certa forma, esse sistema possui a propriedade de proteção; é justamente depois de um erro que podemos ser invadidos por uma culpa fulminante e então, por segurança, olhamos sempre para fora de nós e buscamos alguém para culpar, tudo por pura falta de consciência e sabedoria.

A maioria das pessoas acredita que, eximir-se da responsabilidade e se afastar das críticas alheias e de possíveis processos de culpas as tornarão mais perfeitas, e isso tudo dá início à criação de um mundo de ilusões e imaturidade.

Afastar-se da responsabilidade e buscar a ilusória perfeição, extingue o compromisso com a própria vida. Essa atitude elimina a força e o poder de suas escolhas e o distancia de si mesmo.

Existe um fundamento básico que aprendi com as experiências da vida, que nos mostra que, todos os dias, desde que acordamos até quando vamos dormir, temos uma responsabilidade constante: fazer escolhas.

Escolhas conscientes nos levam a resultados melhores e contribuem com nosso crescimento. Se somos capazes de saber o poder que tem uma escolha, então sabemos o poder dos bons resultados. Ao reconhecer o poder e a probabilidade dos riscos, estaremos mais próximos de escolhas maduras. No núcleo de tudo, existe uma formulação simples em nossa vida; todos os dias acordamos. Acordar significa entrar no mundo, estar consciente, ou que pelo menos deveríamos estar. A cada escolha jogamos uma moeda para cima, ela sobe e, ao cair, apresenta um resultado, cara ou coroa, certo ou errado.

E é aqui que paro e pergunto: quais são as chances de algo dar certo na sua vida?

A resposta é bem simples, cara ou coroa, cinquenta por cento para cada lado, metade para certo e metade para errado, e pronto. A grande aventura da vida é justamente essa, a probabilidade é igual, tudo tem metade de chances de dar certo, e metade de chances dar errado.

E agora surge outra pergunta: o que fazer?

Investir no conhecimento é a resposta. Quando lançar a moeda, se estiver preparado, suas chances de sucesso passam a ser maiores, o que significa claramente um aumento em suas possibilidades de êxito.

Quanto mais conhecedor for, maiores são as chances de aquilo dar certo. Quanto mais comprometido estiver, quanto mais se dedicar, maior será a certeza do sucesso. Quanto mais responsável for, mais consciente estará com as suas escolhas.

Agora, quanto menos responsável for, menor será o seu poder de escolha, o que o tornará cada vez mais escravo do ego, levando-o a um total vitimismo.

Palavras como: "não é possível", "não posso", "não consigo", "não quero", "isso não vai funcionar", "não sou capaz", "todo mundo é culpado pelo meu sofrimento" irão fazer parte do seu vocabulário mental. Esse é o pensamento clássico da vítima, de quem está completamente distante do seu poder pessoal e da sua responsabilidade.

Pense comigo: se está desanimado, sem motivação, acima do peso, insatisfeito ou infeliz, se sua vida está uma completa bagunça, se não há mais diálogo com seus filhos ou com seu parceiro, por exemplo, isso tudo faz parte da sua responsabilidade. O universo está lhe mostrando alguma coisa, tudo ao seu redor está lhe enviando uma mensagem clara de que algo está errado, que você está indo no contrafluxo, que esse é o seu momento de virada, o momento de focar em mudanças e tomar atitudes. Tudo o que existe é uma projeção de seus valores e crenças.

Lembre-se: se entramos no mundo, temos o poder de escolha, então temos que agir com 100% de responsabilidade em nossa vida. Se algo não funciona, é necessário limpar!

7

Mantras de Luz
– *Sinto Muito*

NA PRÁTICA DA ORAÇÃO DO Ho'oponopono, a primeira expressão utilizada é SINTO MUITO, depois declaramos ME PERDOE, EU TE AMO e OBRIGADO. Há quem diga que nem todas as palavras são necessárias, inclusive alguns estudiosos mencionam isso. Já, em minha experiência pessoal, prefiro mantê-las em sua essência devido ao poder e a luz que cada uma delas emite. Se sairmos simplesmente eliminando uma ou outra palavra, poderíamos dizer apenas EU TE AMO e pronto, isso não é muito coerente.

Em relação ao nosso hábito de orar, deixamos muito a desejar. Normalmente deixamos as orações lá para o final do dia, ou à noite, quando estamos na iminência de um profundo sono. Em outras culturas, eles rezam, oram ou fazem a sua prece por um período determinado de duração, algumas pessoas chegam a orar de quatro a cinco vezes ao dia. Mas, aqui no mundo ocidental, as pessoas querem tudo muito rápido. As orações são sucintas, breves, almejando que todos os seus desejos possam ser realizados imediatamente. No Ho'oponopono não funciona assim. Então, respire profundamente e, num ritmo bem devagar, comece a praticar. O Ho'oponopono é um investimento espiritual.

Comecemos por revelar o que existe no íntimo de cada frase. Vamos entender as primeiras palavras de luz, SINTO MUITO.

Quantas vezes na vida você já disse sinto muito a alguém? Dá até para contar nos dedos, certo? Essa é uma daquelas perguntas que nos dá um chacoalhão.

Existe uma parte dentro de nós – e novamente eu cito o ego, que é a nossa parte mais primitiva –, que não admite de forma alguma que estejamos errados. Às vezes, ele pode até aceitar, e se o fizer é com o único intuito de se fingir humilde ou espirituoso, mas isso só faz parte de suas manipulações. Quando dizemos: EU SINTO MUITO, damos poder a nossa essência, mas quando esse "sinto muito" vem carregado de culpa, damos poder ao ego. Essa é a sabedoria mais profunda acerca desse mecanismo.

O ego é limitador, ele usa a culpa como paralisador. Já, a essência, traz uma consciência mais abrangente, ela mostra que o "sinto muito" envolve a sua responsabilidade no processo, você estava lá, é cocriador da situação, das suas experiências, é responsável por elas. Temos o poder de decidir, escolher e criar nosso caminho.

No Ho'oponopono, começamos a interpretar o SINTO MUITO como uma revelação pessoal. Essas simples palavras contém todo um manancial de sabedoria. Ao dizer "eu sinto muito" o ser humano se despoja da raiva, da culpa. Nada do que aconteceu precisa existir, tudo é ilusão, existe somente a necessidade de reparar, de limpar. Ao contrário da culpa que age justamente como um chicote, que prende, paralisa e pune.

Nessa nova concepção, percebemos integralmente que fazemos parte da experiência, que estivemos nela, participamos e temos responsabilidade também. Ao fazer escolhas, tudo isso ficou em sua memória, sentir muito é determinar que é 100%

responsável, que é dono de suas escolhas, que tem o poder de permitir, de agir. Isso lhe dá a oportunidade de ampliar a sua força pessoal, limpar tudo o que não faz bem a você e ao outro, permitindo que a mudança aconteça.

Milhares de pessoas estão sendo dirigidas pelo ego, de forma que ainda não despertaram para a revelação e o poder do SINTO MUITO. Elas não querem perder no braço de ferro, resistem fortemente. No Ho'oponopono, esse braço de ferro não existe, aqui nós apertamos nossas mãos, nos saudamos como pessoas iguais, reconhecemos que, por vários motivos, agimos de forma incorreta, mas temos a responsabilidade por essas memórias, consequências e limpeza.

Pense comigo: ao dizer SINTO MUITO, você está se liberando e liberando o outro no mesmo momento. Sua petição irá funcionar perfeitamente se esse compromisso for cumprido, se conseguir alinhar seu pedido a algo que realmente quer, que é a sua verdade íntima.

E é aqui que faço outra grande pergunta: sua intenção é a de se libertar, desbloquear, deixar ir, ou é a de se punir ou punir o outro? Se for a segunda opção: a punição, pare por um minuto, o processo não irá funcionar. Sentir muito é a chance de deixar ir essas memórias, é eliminar as estratégias e emoções egoicas e trazer plena consciência e libertação. Lembre-se: SINTO MUITO é uma escolha.

Ao dizer essa expressão sinta em cada célula do seu corpo a liberdade e a liberação do outro ou de qualquer coisa, indiferentemente de todos os acontecimentos. Baseado em minha experiência, digo aos meus clientes que persistam nas petições até o momento em que a grande couraça do egoísmo seja rompida e o amor volte a fluir como uma energia enriquecedora em sua vida.

Vamos nos aprofundar:

Quando somos jovens, pensamos nas consequências das coisas? Talvez sim, talvez não, estamos em processo de construção humana, e essa visão ainda é muito tênue, se nos voltarmos apenas por um instante ao nosso passado, poderemos concluir o quanto éramos imaturos, o que, de certa forma, ainda somos. Mas estamos melhorando. Imaturidade tem relação com nosso sistema de observação de consequências, nesse sentido a mente humana traz os resquícios de sua individualidade acreditando que vive de maneira isolada, que de forma alguma estamos conectados, mas sim, dispersos, que todos os acontecimentos ao nosso redor não têm o poder de nos afetar, assim como as outras pessoas, mas hoje sabemos que isso não é verdade.

Estar conectado significa, nesse caso, que suas escolhas, sua energia, têm a capacidade de influenciar ou chegar até outras pessoas. Eu não tinha consciência disso quando, há muitos anos em uma palestra, conversando com uma aluna, ela me agradeceu e disse que iria mudar toda a direção de sua vida pautada no que tinha ouvido. Eu respirei fundo, pedi cautela, e assim ela fez. Pude acompanhar o seu mundo ser transformado, foi ótimo, ela cresceu e pude me sentir também responsável por essas mudanças e pelo seu sucesso. Mas, e quando as mudanças são negativas? É nesse ponto que também temos nossa parcela de responsabilidade. Por isso, todo cuidado é necessário, seja em suas palavras, seja em suas atitudes. Como dizem: "Tem gente que pode te levar aos céus, mas também ao inferno."

Estamos todos conectados. Somos responsáveis. Essas são as sentenças chaves.

No Ho'oponopono original, o SINTO MUITO nos revela essas duas sabedorias, e nos diz algo importantíssimo: todos nós passamos por diversas experiências e as armazenamos em nossa memória. Uma experiência mal interpretada, vivenciada e elaborada de forma negativa, pode estar latente em seu cérebro, danificando sua interpretação de novas experiências. Ou seja, lá na sua mente, tem uma memória distorcida, que pode estar sabotando a sua vida hoje.

Pense comigo: aos vinte anos de idade, se tenho uma experiência negativa, eu a interpreto e dou a ela uma roupagem de negação. Durante todo o processo eu culpo, tenho raiva, gero medo, gero fechamento emocional, inseguranças e crio uma memória extremamente destrutiva e dolorosa.

E onde tudo isso fica guardado? Na mente subconsciente, é claro. A memória negativa foi formulada, inserida e cuidadosamente arquivada como um mapa. Cada vez que alguma experiência semelhante chega, todo esse conteúdo se revela novamente e tudo vem à tona. É um verdadeiro caos. O mesmo mapa é usado para todas as experiências semelhantes, um grande erro.

Agora veja, imagine-se com quarenta anos, não mais com vinte, acredite no que digo: a sua mente mudou, sua forma de pensar, de perceber o mundo é diferente, sua maturidade ampliou, não é mais possível ter quarenta anos e ter a mentalidade de vinte, certo? Bem, na maioria dos casos, não.

Nesse estágio, é possível interpretar uma memória "destrutiva" de forma diferente. Fazendo uso dessa nova filosofia, podemos perceber que determinadas memórias são criadas com o intuito de, de alguma forma, ofertar segurança e agir como um sistema de precaução e proteção. Porém, com o tempo, elas se tornam rígidas e abrangentes, perdem a flexibilidade e a coerência. É exatamente nesse momento que a memória perde a qualidade de auxiliar e passa a atrapalhar suas novas relações, é aí que entramos com o SINTO MUITO da petição da oração Ho'oponopono.

Reconhecemos essas memórias que por muito tempo nos protegeu, mas que agora estão na hora de partir. Assim, nos limpamos, pois ela não nos pertence mais. Nesse novo estágio da sua vida, apenas deixe ir.

SINTO MUITO, é a expressão chave para que a divindade possa iniciar o processo de limpeza, abrir as portas, de acordo, é claro, com a sua verdade interna, sua permissão real e sua disposição de deixar realmente tudo ir.

Exercício de apoio

Para a realização dessa dinâmica, apenas pegue uma sulfite ou a sua agenda de anotações. Costumo chamar esses exercícios de "reconhecimentos de padrões sabotadores". No seu ritmo, responda com calma as três instruções ou direcionamento que veremos a seguir.

- Anote dez memórias negativas guardadas em sua mente que o incomoda. Memórias que praticamente mexem com suas emoções e disparam uma dor emocional.

- Mensure de 1 a 10 o quanto essas memórias o machucam. Esse passo é importante no intuito de calcular, medir a dor que as memórias promovem.

- Agora, o ponto mais difícil e que exige muito mais esforço: todos nós somos responsáveis por essas experiências, não culpados, esqueça a pauta da culpa, escreva em cada uma das dez memórias como foi participar dessas experiências, ou seja, qual o seu envolvimento com ela, relate sua permissividade, dê detalhes do seu envolvimento, da sua participação e, no final, para fechar com chave de ouro, responda: "por que" e "para que" aconteceu tudo isso e qual a lição absorvida.

Não tem prazo para realizar esse exercício, somente se atente ao fato de que ele é imensamente poderoso, uma vez que poderá, mediante o uso dessa escrita terapêutica, retirar tudo da sua mente, que pode estar conturbada, agitada ou mesmo em conflito, e transcrever em uma linguagem lógica para o papel. Na sequência, com o auxílio das perguntas corretas, poderá interpretar tudo com renovada perspectiva, como se enxergasse a sua história de outra maneira, e claro, entendendo que é possível dar um final bem melhor, sem permitir que as páginas do passado sejam a caneta das páginas do presente.

8

Mantras de Luz
– *Me Perdoe*

No Ho'oponopono o perdão ocupa um importante espaço. Falar sobre o perdão não é algo simples, a maioria das pessoas simplesmente não se sentem nada atraídas por esse tema, quase sempre porque, dentro de nós, existe a velha crença da punição, ou seja, o medo de sermos punidos por algo ou o sentimento de que o outro tem de pagar e sofrer por tudo o que sentimos, sofremos ou estamos sofrendo.

Perdão e punição não combinam, são extremos, é como o amor e o egoísmo, estão sempre na contramão. No entanto, por que é tão difícil perdoar? E, mais ainda, por que é tão doloroso perdoarmos a nós mesmos?

Costumo dizer que perdoar é um parto, ou seja, que realmente envolve etapas, é uma gestação, é preciso de tempo, aceitação, amadurecimento, entendimento, eliminar algumas memórias que estão bloqueando a sua vida, tirar o ego do sistema operante, olhar para si e para o outro de outra perspectiva, de maneira mais amorosa.

Quando falamos de perdão, a primeira coisa que nos vem à mente é nosso senso religioso. Jesus falou sobre a necessidade do perdão, mas, ainda nos dias atuais apedrejamos Judas. No budismo, o perdão é visto como forma de quebrar o ressentimento, a vingança e o ódio, e assim, sair do ciclo de sofrimento. No islamismo, o perdão é bem-vindo, mas a expiação, ou seja, a punição tem de vir junto. No judaísmo há um dia especial para se redimir e perdoar, o *Yom Kipur*. Já para o povo havaiano, existe há necessidade de limpar, com compaixão, amor, gratidão, integração e, assim, chegar à paz interior.

Falamos disso para demonstrar que em todas as religiões existe a necessidade do perdão como fator de crescimento, como uma filosofia de purificação, acertos e conexão, e que podemos hoje, valendo-se de um prisma psicológico, lógico e imensamente coerente, chegar até ele.

Partindo do princípio de que todo ser humano tem um senso de perdas e ganhos, sempre ponderamos se vamos perder ou ganhar com algo para depois fazermos nossas escolhas. Com o perdão, ainda precisamos pensar dessa forma, até a compaixão, o amor e a gratidão despertarem em nossa consciência e nos apontar o melhor caminho.

Vamos analisar essa questão indo direto ao ponto: precisamos aprender a colocar a mente acima do coração, no sentido de deixar de lado as emoções que bloqueiam o perdão. É preciso alimentar a mente de ideias positivas para que ela nos conduza ao exercício do perdão.

Reflita comigo, como a luz dissipa a escuridão? Já parou para pensar nisso? A resposta é simples: tão somente por existir, e pronto. Então, que nos chegue mais luz para entendermos integralmente essa questão.

Seguindo estes sete passos, podemos estabelecer uma ampla luz em relação ao perdão.

1º Passo – O que eu ganho não perdoando alguém? Se for necessário, escreva, é importante saber o que se ganha tendo raiva de outra pessoa. Procure entender: o outro não está nem aí, não há benefícios em não perdoar, absolutamente nenhum, nada mesmo. A sua raiva é unidirecional.

2º Passo – Se não se ganha nada, então há risco de perdas? Veja que aqui as coisas mudam, se eu cheguei à conclusão de que não ganho nada, então, o que posso estar perdendo? Em primeiro plano, nitidamente estará perdendo saúde. É comprovado cientificamente que isso acontece, ou seja, poderá ter stress, depressão, ansiedade, ou seja, no final, estará perdendo. A próxima pergunta aqui é bem definida: quem está sendo prejudicado com isso? Bem, a resposta é clara: você! E o que mais posso perder? Na maioria das vezes, existe uma grande limitação. Vamos a um exemplo rotineiro, deixar de ir a certos lugares porque pode encontrar a pessoa a qual não perdoou. Neste caso, quem é que está se prejudicando, se privando de alguma coisa mesmo? Exatamente: você!

3º Passo – Dentro do universo dos relacionamentos humanos, existe uma propriedade fundamental necessária para boa convivência: a comunicação. Segundo pesquisas, a falha na comunicação é responsável por grande parte dos problemas causadores de atritos e discussões. Na maioria das vezes, o estopim dos desentendimentos se assenta justamente nesse fator, ou seja, a péssima comunicação de ambos os lados. Isso promove o fechamento emocional, fazendo com que muitas vezes o perdão não seja possível, pois a leitura dos fatos em si está baseada em percepções distorcidas.

Vamos validar essa questão: quantas vezes pensamos uma coisa e dizemos outra de forma completamente diferente no calor da emoção? Essa é a grande questão, pense nela.

4º Passo – Todo ser humano deve ser olhado como um espelho refletor. Tudo aquilo que vemos no outro, no fundo, reflete alguma coisa parecida em nós mesmos. É difícil de aceitar, eu sei, principalmente quando nos encontramos em posição superior. Mas, é preciso descer do trono e entender que em essência somos todos iguais. Estamos longe de ser o diamante, somos ainda a pedra bruta, essa é a grande lição de humildade e define efetivamente o início do afastamento do ego. Todas as áreas da psicologia são unânimes em afirmar e comprovar sobre esse espelhamento. Então, pare e se pergunte: será que às vezes eu não faço a mesma coisa que aquela pessoa fez comigo? Reflita. Esse ponto é apenas um facilitador e também um sistema desafiador de auto-observação.

5º Passo – Talvez esse seja o ponto mais difícil e complexo de todos, pois precisaremos mudar a nossa perspectiva e começar a olhar o ponto positivo da outra pessoa, afinal, não existe uma pessoa integralmente má, sempre há algo de bom nela. Quando estamos focados em não perdoar, a nossa perspectiva e energia estão sempre voltadas para os aspectos negativos do outro; isso não ajuda em nada. Em geral, uma pessoa que não perdoamos é porque nos decepcionou, nos causou sofrimento. De certa forma, conhecemos aquela pessoa, conhecemos as suas qualidades e defeitos, mas nossa lente dimensiona apenas o negativo. As chances de perdoar, de dar um novo significado aumentam quando eu mudo o foco para o positivo e claramente entendo que a pessoa é maior que aquele comportamento isolado.

6º Passo – A sabedoria popular diz "não julgue uma pessoa sem antes estar completamente em seu lugar". Vamos a um exemplo sobre esse tema: pense em uma pessoa que está sofrendo bullying, ela está num processo de sofrimento constante, está sendo perturbada continuamente. Agora, veja a outra pessoa, a que está cometendo o bullying. Ela não tem nenhuma estrutura emocional, tenta minimizar o outro para se fortalecer emocionalmente. Isso demonstra a fragilidade disfarçada da outra pessoa, onde muitas vezes aparece como agressora. A pergunta que precisamos fazer é: o que a levou fazer isso dessa maneira? Pode não resolver, mas pode ajudar. Nosso grau de maturidade começa a se ampliar quando deixamos de olhar um ato isoladamente, mas sim, de forma ampla. Lembre-se de que o Ho'oponopono nos oferta uma visão completa. Isso não exime o outro da responsabilidade, não é isso que quero dizer, afinal todos somos 100% responsáveis.

7º Passo – Por último, quem tem a capacidade de agir de acordo e estender o perdão à outra pessoa, pode estar certo de que Deus estará limpando a sua vida. Seus caminhos serão abertos, seus sofrimentos irão cessar, suas feridas serão curadas. Ao realizar a prática do perdão, que é algo desafiador, ocorre o início de uma luta contra a nossa natureza primitiva. No momento que conseguir vencer esse desafio, vai perceber que a sua natureza está se transformado em algo divino, fortalecendo sua fé integral e, assim, estará estabelecendo uma forte e profunda ligação da sua essência divina com Deus. É aqui que ocorre um salto.

Um lembrete especial: se nada disso está funcionando, pare e use a melhor fórmula que tem. Não culpe o outro. Continue a praticar com disciplina, em algum momento a resistência será rompida. Seja 100% responsável por sua vida. Confie! Seja melhor que isso! Dê o seu melhor! Busque vencer a sua natureza primitiva, mostre que é possível sim dominar o seu lado rudimentar e trazer à tona a sua divindade. Apenas reflita.

9

Mantras de Luz
– *Eu Te Amo*

VAMOS DESCREVER O PROCESSO DO AMOR, nos perguntando: como saber quando o fluxo do amor está ativo em nossa vida?

A resposta para essa pergunta pode parecer de certa forma um tanto complexa, mas não é. O amor tem formas de se expressar, isso se faz de maneira individual em cada célula de nosso corpo e no conjunto, estabelecendo a nossa vibração pessoal.

Os sinais mais amplos de que estamos bem equilibrados no amor são:

- Ausência de carência afetiva.
- A não sensação ou sentimento de abandono ou rejeição.
- Não termos medo de enfrentar nossas necessidades e, consequentemente, não precisar fugir de nós mesmos.
- Não deixar o mau humor ficar no comando.
- Não resmungar ou reclamar o tempo todo.

Esses são os sinais da perturbadora e mesquinha atmosfera em que vivemos. O amor representa em nós uma força de liberdade pessoal e não de escravidão. Será que você está vibrando na sintonia do amor? Vamos analisar isso de uma perspectiva profundamente psicológica. Quando por algum motivo não temos muita afetividade num período de nossa infância, para não nos sentirmos agredidos acabamos nos distanciando dessas necessidades, fugindo de nós mesmos e vivendo em função dos outros. Muitas vezes, acabamos por assumir a necessidade dos outros, e assim, pouco olhamos para as nossas próprias necessidades. Esse jogo de brincar de ajudar os outros não funciona, isso não preenche nossa carência e, em determinado momento, um pensamento é plantado dentro de nós, o de que somos necessários aos outros de forma integral e, mais tarde, somado a um conjunto de experiências dolorosas, ocorre uma revelação: ninguém precisa mais de mim, e agora? É nesse momento que o abismo surge e nosso despertar doloroso começa.

A resposta é, volte-se para si mesmo. Confronte a sua carência. Dizem que quem tem carência afetiva não teve contato com a afetividade e vai passar todo esse sistema afetivo de aprendizado aos seus filhos, mantendo essa corrente. Isso não é verdade.

Quem não teve afetividade, tem amor sim, mas o processo de vitimização é tão implacável e torturante que não permite que a pessoa se desvincule desse foco de extrema escassez, fazendo com que, baseado em seus medos e desestabilizações, não arrisque expressar o amor.

O amor está dentro do ser humano, ele apenas precisa ser expresso e validado. Quando o amor se encontra bloqueado, a vida está em preto e branco, os momentos perdem o seu sabor e as pessoas passam por um fechamento emocional.

Então, o que fazer? O amor sempre começa por nós mesmos, nunca o inverso. Sempre digo isso no nosso maravilhoso curso

"30 dias de Autoamor®". A questão mais profunda aqui é começar a ver o que realmente somos, quem somos, como estamos. É preciso procurar uma identidade, entender suas necessidades, afastar a complexidade das armadilhas do egoísmo.

Um olhar despreparado para tudo isso pode identificar egoísmo profundo, mas não é. Para alguém que nunca pensou em si mesmo, isso se chama resgate.

Quando estamos em desamor, permanecemos em conflito, revoltados, existe um vazio interminável dentro de nós e nossas emoções nos sequestram para o mais sombrio interior de nossa estrutura psicológica, e assim, pensamos, sentimos e vibramos de forma negativa.

Nossa reflexão e nosso questionamento neste momento é: como está a sua vibração energética? Essa interpretação pode ser um pouco confusa, aliás, são poucas as pessoas que falam sobre frequência ou vibração energética. Simplificando, apenas entenda que cada emoção tem a capacidade de vibrar numa frequência própria. Acredito que, em algum momento de sua vida, deva ter vivenciado alguma experiência que tenha demonstrado esse plano de frequências, energias e vibração. Um exemplo nítido é quando entramos em um ambiente e nos sentimos sufocados, percebemos uma energia densa, pesada e enclausurante. O oposto também acontece, ao entrarmos em um ambiente zen, claro, confortável e leve, nos sentimos em paz. Esses são os contrastes, e é nesse plano que nos inserimos; podemos estar densos ou leves.

Vamos entender mais sobre isso.

Se sua energia está em baixa, precisamos realinhá-la, equilibrá-la e harmonizá-la. Entenda que, ao realizar a prática do Ho'oponopono, nossa vibração pessoal tende a elevar e alterar positivamente esses aspectos, vamos entender por quê?

Nos anos 1990, adquiri uma máquina fotográfica chamada Kirlian – que tira foto da aura, ou seja, dos campos eletromagnéticos de pessoas e objetos –, para estudar e entender melhor como funcionava a emissão de energia no nosso campo vibracional. Verifiquei através das imagens tiradas pela máquina Kirlian, que nosso corpo se comporta de maneira profundamente equilibrada ao realizar a prática do Ho'oponopono, como um processo de ajuste frequencial. Posteriormente, tive acesso aos trabalhos do Dr. Emoto, um fotógrafo e escritor japonês, que nos explica sobre o poder da água em relação às emoções, defendendo que cada emoção molda uma estrutura cristalina diferente. Isso também revelou que, nos estados meditativos ou realizando mantras, nossa vibração se altera, se eleva e se ajusta. Da mesma maneira, usando a repetição dos mantras no Ho'oponopono ou qualquer outro sistema de repetição positiva, a sua energia aumenta e a tendência é de se centrar, harmonizar e vibrar positivamente. A calma chega, a paz nos invade e aqui não há lugar para o medo, mas para segurança e certezas.

Um poderoso exercício de reequilíbrio que podemos fazer é dizer por vários minutos somente os mantras, as palavras de luz: SINTO MUITO, ME PERDOE, EU TE AMO, OBRIGADO. Dessa forma, sua cadeia de vibração irá expandir e atrair, é claro, energias de mesma frequência e sintonia, sempre positivas. Faça e confira.

Agora, um detalhe importante que muitos alunos perguntam: "Dr. Paulo, eu faço o Ho'oponopono e, às vezes, no final, sinto ânsia de vômito, dor de cabeça e cansaço, isso é normal?"

Sim, muito normal. Essas sensações e sentimentos fazem parte da própria limpeza. O contato energético em que está entrando, relacionado com aquela situação definida, está carregado negativamente. Há um envolvimento emocional e energético e, muitas vezes, a nossa vibração pessoal cai, ao invés de aumentar. Esse impacto, essa descida de frequência, pode causar esses efeitos. Ao persistir na prática, em outras sessões, essas sensações irão amenizar, o que demonstrará que a limpeza não está tendo mais resistência. Esse é o mundo da vibração energética.

Mas, o que interfere em nossa harmonização?

Muitas situações também podem baixar nosso padrão energético, como estresse emocional, traumas, pessoas negativas, televisão, lugares inadequados e até mesmo um lar desarmonizado. Portanto, pense sempre em se refazer e manter o seu lar de forma harmoniosa, lembre-se: o seu lar é o local mais importante da sua vida, ele tem o propósito básico de acolhimento, recuperação de energia e restabelecimento, nunca o oposto. Se nesse local suas energias escoam, algo está errado, é preciso dar atenção especial nesse ponto.

Para finalizar, fica a pergunta: será que isso realmente funciona?

Bem, sou imensamente cético diante de muitas terapias e práticas, e sempre precisei de muita confirmação e validação para acreditar em algo e chegar às minhas próprias conclusões de forma objetiva e clara. Afinal, minha formação profissional exige isso, então faça esse simples exercício, e tire as suas próprias conclusões.

Antes de começar, pergunte-se: como estou me sentindo?

Coloque no seu player uma música suave, relaxante, de preferência com notas que lembram a natureza; ventos, pássaros, água corrente, ou ainda ao som de um sino, dentre outros. Agora, faça a respiração que aprendeu anteriormente. Durante 15 minutos apenas relaxe, sinta sua vibração se elevar, seu estado emocional se equilibrar.

Ao finalizar, analise-se por um breve período de tempo, respire fundo e pergunte: como estou agora?

Esse exercício é muito importante para avaliar o processo antes e depois, dando a dimensão exata das propriedades positivas em relação a esse breve sistema de respiração e relaxamento, confirmando que, com pouco, podemos obter muitos benefícios.

10

Mantras de Luz
– *Obrigado*

UM DOS INGREDIENTES FUNDAMENTAIS do Ho'oponopono é a gratidão. Vamos às profundezas do seu significado para desenvolver integralmente como ela funciona em sua vida. Atualmente, todo mundo fala sobre gratidão, mas, exercitar, ou mesmo falar de gratidão naqueles momentos de desafios da vida, é algo que poucas pessoas conseguem efetivamente realizar. Naquele dia escuro, em que tudo está dando errado, seu humor está péssimo, a conta do banco está no vermelho, seu namorado(a) o abandona, no trabalho só tem problemas, e por aí vai, é difícil se sintonizar com a gratidão.

Mas, espere, não é a gratidão que transforma tudo? Sim! Porém, para chegar nesse ponto, existe uma ferramenta necessária: é a mudança de perspectiva que abre a porta para a gratidão.

Isso poucas pessoas revelam. A maioria dos livros diz que é preciso agradecer todas as coisas maravilhosas que acontecem em sua vida e pronto. Essa fórmula está completamente errada. A mudança só é possível com a transformação da perspectiva, afinal, agradecer quando tudo está bem é comum, mas, e quando as coisas não estão bem, o que fazer? Vamos explorar esse tema.

Muitas pessoas usam de uma tremenda hipocrisia para se sentirem gratas, elas olham ao seu redor e fazem comparações. Esse é o sistema mais primitivo que existe para a pessoa se sentir bem; ela compara a vida que está vivendo com o sofrimento dos outros. Nessa simples equação matemática, a pessoa pensa: o outro está pior do que eu, então eu realmente sou feliz. Essa fórmula de comparação é tremendamente equivocada, felicidade baseada na infelicidade do outro não tem sentido. A felicidade tem que ser construída, não comparada.

Para despertar profundamente a gratidão, é fundamental ter maturidade psicológica. É preciso saber abrir a porta e deixar a gratidão entrar em qualquer momento de sua vida. E isso precisa de treinamento diário. É o que necessitamos. Vamos aprender a sermos gratos, independentemente do momento e da situação ao qual estamos passando.

Mas antes, se por um lado falamos de gratidão, por que não conhecermos o vilão egoísta de tudo isso: o ingrato.

A ingratidão é um vírus pernicioso que contamina as pessoas.

Veja esse exemplo:

Ao dizer bom-dia para alguém, se não receber uma resposta, o que você pensa? A tendência é que inicie um julgamento e pense que a pessoa é mal-educada, e, como resultado, não irá mais dizer bom-dia para ela. Ou seja, o vírus acabou de agir, fazendo você desaprender o sentido de ofertar um "bom-dia" a alguém. Aliás, qual o sentido do bom-dia? Educação? Não, nada disso. Um "Bom-Dia" é a expressão de um desejo, a sincera vontade de que o dia da outra pessoa seja bom.

Outro exemplo: se você faz algo de bom para alguém que nem ao menos lhe diz obrigado, o que vai pensar? Que essa pessoa é ingrata. Pronto, o vírus entrou novamente e mudou o seu jeito de pensar e sentir. A pessoa foi rotulada como vilã da história. E se, de repente, no próximo segundo, ela agradecer? Bem, aí tudo muda, e de vilã ela passa ser a heroína. Percebe como somos?

Por isso a necessidade de se ter maturidade psicológica. Comece a praticar a gratidão doando palavras positivas. Dê bom-dia, agradeça, fale seja bem-vindo, até mais, por favor, ou como dizemos no Ho'oponopono, *Aloha*, sem a intenção de obter algo em troca, gratidão e reconhecimento, apenas isso.

O próximo exercício poderá ajudá-lo a ampliar a sua gratidão pessoal, e assim, mudar o foco e a perspectiva sobre alguns valores da vida.

Pegue um pote médio e transparente, uma pequena caderneta de papéis destacáveis, uma caneta e deixe tudo ao lado da sua cama. Antes de dormir, pare por alguns segundos, respire, e reflita sobre o seu dia a dia. Tente identificar algo que possa despertar a sua gratidão. Comece por coisas simples, pelos fatos cotidianos, depois passe a observar as situações gerais, as pessoas do seu convívio, mas não foque apenas nas situações boas, veja aquelas que deixaram algum impacto, visualize tudo de maneira ampla. Conseguiu encontrar algo do qual possa agradecer? Anote no papel, isso mesmo, anote e dobre o papel, diga o mantra do Ho'oponopono, SINTO MUITO, ME PERDOE, EU TE AMO, OBRIGADO e coloque no pote. Faça isso durante 30 dias. Ao final desse período abra o pote, leia e reconheça a gratidão em cada ocorrência da sua vida. Isso vai estimular a sua energia de gratidão.

Outra prática que recomendo é a de enumerar dez bênçãos na sua vida, fazendo isso diariamente.

Espere, mas só isso? Como enumerar minhas bênçãos irá me ajudar a ter gratidão? Olhando de forma despreparada para esse exercício, realmente parece banal, sem sentido, afinal, o que vai ajudar ficar listando as bênçãos que tenho no meu dia a dia, se minha vida está de cabeça para baixo? Não pense que eu também não me perguntei sobre isso, mas, no final, cheguei a uma conclusão perfeita. Dessa conclusão tirei algo muito, mas muito mais grandioso do que apenas agradecer.

Um dos pilares da filosofia havaiana do Ho'oponopono é o MAKIA, ou seja, a atenção que é dedicada à sua energia segue esse caminho. Vamos aprender mais sobre isso mais adiante.

Fica claro então, que, focando em algo, sua energia segue junto. Focar no problema, leva sua energia para o problema, mas, se focar na solução, a sua energia corre para lá. Observe, se, supostamente, o seu foco está em alugar uma casa, milhares de placas de aluga-se parecem brilhar na sua frente.

Se manter seu foco nas bênçãos que possui, sua energia vai para o mesmo caminho, enriquecendo sua vida e o presenteando constantemente com mais abundância.

Essa é uma chave especial. Recorrer ao mecanismo de mudar de percepção alterando o foco, traz imensos benefícios.

Vamos a um exemplo:

Imagine um relacionamento que não está funcionando muito bem. Há muitas discussões, críticas, e o foco, é claro, vai para onde? Para as qualidades da pessoa é que não vai. Quando se tem críticas, diálogos abrasivos, debates duros, o foco vai diretamente para os defeitos, e tudo isso alimenta um sistema quase interminável de mais discussões.

Mude o foco, afinal, não é possível que tenha escolhido alguém que somente possua defeitos. Antes de qualquer coisa, essa pessoa tem qualidades. Esqueça por algum tempo o negativo, foque nas qualidades e comece a agradecer, ou seja, a colocar gratidão nas qualidades dessa pessoa, isso é uma reversão de percepção que chamamos de elogio. Ao elogiar a pessoa para você mesma, perceberá tremendas mudanças no seu padrão de pensamentos. Então vale a pena exercitar.

Para finalizar, precisamos entender que reconhecimento é um estilo de vida, ou seja, ser grato a todos e a tudo é uma atitude poderosa. Sempre que for grato, as queixas, reclamações, o mau humor, tudo isso vai sumir. Reconhecer que a pessoa tem valor faz cessar o resmungar, deixando espaço para a gratidão estar presente. E onde a gratidão está presente, a infelicidade não consegue chegar. Esse é o grande segredo.

Perceba que, ao ser grato, a sua energia muda, a frequência se eleva. A gratidão está mais próxima do amor e da alegria, na contramão, vem a ingratidão, que se aproxima na mesma intensidade do egoísmo e do medo. O que é preferível, alegria ou medo? Certamente é a alegria. Não somente o seu espírito prefere isso, mas seu corpo também, as doenças em geral sinalizam a falta de alegria no ser.

A gratidão é um recurso para chegar à paz profunda, além de ofertar abundância e prosperidade.

Mas vamos ao exercício. Sabemos que temos que implementar a gratidão, mas, como inserir a gratidão como um hábito diário? Uma vez que apliquemos uma série de repetições em nosso cotidiano por um período específico de tempo, de preferência superior a vinte dias, esse hábito se torna algo automático, e fica instalado de forma quase que permanente. Pense comigo e responda às seguintes questões:

Há quantos anos você escova os dentes?

Há quantos anos você fuma?

Escovar os dentes é um hábito diário, natural, que fazemos todos os dias, pois nos preocupamos com a nossa saúde. Fumar, é um hábito nocivo, ou melhor, não é um hábito, é um vício e pode causar doenças.

Positivo ou negativo, o hábito é um padrão inserido em nosso comportamento. Uma dica desafiadora é instituir um hábito de gratidão. Vamos a um exemplo de algo simples que tem como finalidade fixar esse hábito.

Primeiro, encontre um amuleto, isso mesmo, não importa o que seja, ele vai ser a sua conexão com a gratidão. Pode ser um pingente, uma pedra natural, um pé de coelho, um anel, um frasquinho ou qualquer coisa pela qual sinta atração. Nessa escolha, perceba que é essencial que o amuleto escolha você e não o contrário. Agora vamos energizá-lo com todas as vibrações positivas, dessa forma, todas as noites, antes de se deitar, coloque-o em suas mãos e agradeça. Agradeça de coração, de alma, conecte-se ao sagrado sabor da existência, ao divino, e deixe ali sua energia. No fim, diga obrigado, obrigado e obrigado, como um mantra. Faça isso por vários e vários dias. Carregue sempre esse amuleto com você, quando as bênçãos chegarem, toque-o e diga: obrigado. Quando os desafios chegarem, toque-o e peça para ele lhe dar outra perspectiva da situação e força para enfrentá-la. Agradeça. Essa é a forma mais poderosa de se manter sempre conectado à gratidão, seja nos momentos alegres, seja nos desafiadores.

11

Os Sete Pilares ou Princípios da Filosofia Huna

Fundamentalmente, tenho a função de ensinar para o maior número de pessoas possível, e com a máxima profundidade, as técnicas de Ho'oponopono. Após tudo que vimos nos capítulos anteriores, o leitor já pode se considerar apto à realização da técnica. Mas, espere, ainda há uma pergunta fundamental: somente praticando a oração estarei limpando tudo na minha vida?

Claro que não. Essa é a visão de muitas pessoas que acreditam que o mundo é um verdadeiro conto de fadas, uma grande imersão na ilusão, que é só pedir e o universo traz tudo numa bandeja dourada. Mas, acredite, não é nada disso.

Ho'oponopono é comprometimento, é algo funcional, prático, não basta orar, tem que exercitar a filosofia no seu dia. É inconcebível que alguém pratique Ho'oponopono há anos, e continue sendo a mesma pessoa, sempre negativa, ansiosa, com medos. Se isso acontece, é porque alguma coisa está errada.

O Ho'oponopono segue um fluxo de união entre a prática e a filosofia no seu modo de vida. Por meio de sua técnica, podemos derrubar todas as crenças que não fazem sentido algum

| 71 |

para este mundo de cura e limpeza. Eu o convido a conhecer os Sete Pilares do Ho'oponopono.

Toda cultura tem princípios que ditam uma filosofia de vida. Gregos, romanos, judeus, asiáticos, todos possuem essa ideia, e é nela que reside toda a riqueza e a sabedoria de se viver melhor. Na filosofia do Ho'oponopono, chamada Huna, não é diferente. Os Sete Pilares, ou princípios, da filosofia Huna sustenta essa nova forma de pensar, agir e sentir.

Vamos conhecer agora, e nos próximos capítulos, cada um desses Pilares, IKE, KALA, MAKIA, MANAWA, ALOHA, MANA e PONO, e observar como podemos inseri-los de forma consciente no nosso dia a dia e, assim, romper algumas crenças que não fazem sentido algum.

Aprenda sobre cada Pilar dessa filosofia e insira-os de forma prática e integral na sua vida, este é o desafio.

Pilar 1: Ike

A forma que você vê o mundo é muito importante

No mundo, existem três tipos de seres humanos. Vamos nos concentrar em descobrir a qual tipo você pertence. Isso vai nos dizer muito sobre sua personalidade, e claro, sobre o mundo no qual vive, ou melhor, o mundo que você percebe.

Vamos apenas a uma breve introdução, imagine à sua frente, do lado esquerdo, dois olhos. Agora, imagine do seu lado direito o mundo. Os olhos possuem o poder de ter uma visão global sobre o mundo, e você, pode ver o mundo de forma real, verdadeira, como ele é, certo?

Não! Isso está completamente errado. É impossível, na verdade. O cérebro precisa de um conjunto de informações para analisar, encaixar os padrões do que você vê em relação ao mundo, para assim proporcionar um senso de realidade. Vou fazer uma comparação para exemplificar melhor: imagine uma criança. Quando ela vê pela primeira vez uma bola, não sabe o que é uma bola, mas vê a bola. Porém, aquilo não faz sentido para ela, que não sabe nem ao menos o nome, para que serve ou do que é feita a bola. A mente precisa de informações para decodificar o objeto. Então, ela recebe essas informações, e assim, cria, baseado no que aprendeu, ouviu, tocou, as suas primeiras percepções e crenças. Pronto agora ela sabe que aquele objeto é uma bola.

No exemplo dos olhos e do mundo, tanto do lado esquerdo quanto do lado direito, existe algo no meio que permite a nossa visão de tudo. Chamamos isso de crença.

As crenças são estruturadas a partir de filtros que todos possuímos e que nos oferta uma impressão do nosso universo. Isso significa que a impressão do mundo não é absolutamente uma verdade, mas apenas a sua impressão, algo individual, só seu. Algumas pessoas podem achar o mundo delas parecido com o seu. Parecido, não da mesma forma. Outras podem ver esse mesmo mundo totalmente diferente. Tudo isso mostra como as pessoas possuem diferentes interpretações de uma mesma situação ou fato.

Esses filtros podem ser de três tipos, e são eles que conferem sua visão do mundo, é como se fossem óculos.

Muitas pessoas usam óculos emocional, ou seja, têm sensibilidade maior, veem tudo pela emoção, choram e se emocionam facilmente. A linguagem que elas possuem é a do sentir, são frágeis nesse sentido, pois estão em pleno contato emocional. Mas claro, elas têm seus pontos positivos também, e assim, definem-se por olhar para o mundo pelo centro da emoção. Pessoas assim são detentoras de grande sensibilidade, impulso, nostalgia, romance ou mesmo depressão.

Outras usam óculos racional, elas pensam, repensam, buscam a lógica, o padrão, o sentido, calculam, medem, avaliam, planejam, pouco sentem, racionalizam muito a experiência e o universo ao seu redor.

Por fim, há aquele grupo que usa os óculos do instinto. São pessoas que agem e são movidas apenas por isso. São impulsivas, desenfreadas, mas são práticas e querem fazer a diferença.

- O EMOCIONAL tem uma ferida, a carência, sempre querem mais; mesmo tendo de tudo, vão querer sempre mais.

- O RACIONAL, sente-se incapaz, então racionaliza para o medo ir embora.

- Já o INSTINTIVO nunca está satisfeito, sempre se acha incapaz.

Três grupos que veem o mundo ao seu modo, e o que isso tem a ver com o IKE?

Bom, isso vai definir como *você* vê o seu mundo. Sempre quando alguém dá o primeiro passo para dentro do meu consultório, a primeira coisa que faço é descobrir como essa pessoa vê o mundo.

A seguir é feita uma avaliação por meio de um teste. A partir dessa avaliação inicial tenho em mãos um perfil comportamental sobre aquela pessoa.

Saber como você vê o mundo é importantíssimo, pois a sua percepção dita o seu comportamento. Se você vê o mundo de forma agressiva e ameaçadora, vai fazer de tudo para se proteger. Se o vê como um grande parque de diversões, pode dizer adeus à responsabilidade, tudo não passa de diversão, e por aí vai.

Conhecer sobre o seu mundo e como harmonizá-lo, ou seja, como ajustar seus óculos de forma equilibrada, fará toda a diferença.

Espero que tenha ficado bem claro que IKE, é como você vê o mundo e, consequentemente, como vai agir e reagir diante dele.

Existe aquela pessoa que é otimista, que usa óculos cor-de--rosa, está sempre tudo bem para ela, sofre, mas fica bem, se a vemos na rua e a cumprimentamos, ela está ótima, mesmo não sendo verdade. E existe a negativista, aquela que está sempre de óculos escuro, a vida para ela se resume em cinquenta tons de escuro, tudo está e dará errado, fora a capacidade de enxergar sempre o pior. E aí, encontramos o positivista, aquele que sempre busca o melhor, sempre está comprometido com a solução, é ponderado, claro, objetivo, busca o equilíbrio, o mundo para ele tem suas nuances, e isso faz ele seguir em frente diante dos desafios, buscando sempre soluções, vivendo suas experiências e, principalmente, respeitando as pessoas que usam óculos diferentes do dele.

E você, qual óculos usa? Essa é a pergunta principal.

A outra pergunta é: de onde vem essa percepção?

Vamos entender melhor:

Chegamos ao mundo com um desafio, escolhemos uma fraqueza, algo que precisa ser trabalhado internamente, que vai ser um verdadeiro obstáculo, mas que vamos ter de trabalhar esse ponto para crescer, para evoluir. Associado a isso, nascemos numa família que vai nos proporcionar as condições para esse desafio.

Em geral, herdamos dessa família aspectos psicogenéticos, ou seja, vamos ter muitos comportamentos parecidos. Para que isso possa ser uma verdade, veja o seu pai e a sua mãe e observe o quanto é parecido com eles, quantos mecanismos existem em vocês que demonstram essa similaridade.

Observe que as crenças são estruturas de aprendizados da religião, da cultura, da educação, dos pais, entre muitos outros aspectos. Cada um vê o mundo ao seu jeito, essa é a mais pura realidade. É preciso abandonar a ideia de que as coisas são como são, isso não faz sentido, nada é exatamente como é, mas sim como a vemos.

Tudo isso não passa de interpretação, então, dá para mudar. No entanto, não adianta mudar lá fora e sim por dentro, pois a percepção começa em nossos mecanismos de interpretação.

Espero que isso fique bem claro. Esse é um salto na sua consciência, tenha sempre essa percepção. A chave é: a mudança está aqui, dentro de mim, não fora.

Então nos remetemos a grande sabedoria da vida: ninguém muda ninguém e ponto final.

Mudar o outro é praticamente uma agressão psicoemocional e espiritual, pois cabe a pessoa, ao seu tempo, ao seu modo, e por meio de sua experiência de vida procurar se conhecer e se desvendar.

Vamos a um exemplo bem simples de mudança pessoal. Imagine-se saindo para trabalhar em seu carro, no meio do percurso, alguém passa à sua frente e dá aquela fechada brusca. Nada acontece, mas, mesmo assim, você fica furioso, com raiva, bate as mãos no volante, xinga a pessoa, corre atrás do outro carro, buzina e acaba ficando ansioso e completamente desequilibrado.

Muito bem, o que você pretendia com isso?

- Opção 1: educar o outro motorista?
- Opção 2: puni-lo de alguma maneira?
- Opção 3: corrigi-lo, porque ele mudou bruscamente de uma faixa para outra?

Afinal, podemos perguntar: o que estava acontecendo com esse motorista? Será que você se sentiu minimizado, humilhado por ele ter passado à sua frente? O que verdadeiramente ocorreu?

A resposta é: IKE, como você vê o mundo (não deixe o seu macaquinho emocional tomar conta da situação). Dá próxima vez, pense nos motivos, respire fundo, mude hábitos agressivos e sistemas de explosão. Tudo isso só gera transtornos internos e malefícios a sua saúde física e emocional.

Vamos a um exercício prático para finalizarmos o tema:

Responda a essas sete perguntas essenciais. Lembrando sempre de que a primeira atividade a ser realizada é a respiração. Faça isso como uma forma de se preparar para as respostas. Responda de forma honesta.

Eu acho que o mundo é _____
(essa pergunta vai mostrar qual a sua percepção).

Eu acho que eu sou _____
(analise o que conhece sobre si mesmo, lembre-se de que achar, é uma percepção).

Acho que as pessoas são _____
(relate o que pensa sobre as pessoas ao seu redor no seu dia a dia).

Acho que o meu trabalho é _____
(Faça uma análise sobre o grau de satisfação de seu trabalho).

Acho que a minha saúde é _____
(como é a sua energia, sua fragilidade, o seu vigor).

Acho que o meu poder financeiro é _____
(e o seu potencial financeiro como esta?).

Minha capacidade de experimentar o amor, a alegria, o afeto é _____ *(como é a sua capacidade de dar, receber, experienciar, se aprofundar, ficar na superfície, ser exigente. Analise-se).*

Todas essas questões têm como propósito mostrar NÃO QUEM VOCÊ É, mas sim a forma como você vê o mundo e como se vê. Não é possível se descobrir sem dar um salto para dentro de si mesmo.

Lembrete: aquilo que vemos não é o que é, mas o que acreditamos que seja. Agimos conforme essa crença.

Os xamãs havaianos dizem que nossa vida é IKE, que é apenas um sonho e, de certa forma, faz todo o sentido, estamos vivendo nosso sonho, porém, esquecemos que podemos reescrevê-lo a qualquer momento.

Pilar 2: Kala

Não existem limites, tudo é possível

Isso é algo na qual não acreditamos. Achamos que a realidade é completamente limitada, que nós somos limitados. Isso se dá devido ao processo engenhoso do nosso ego, uma parte controladora da nossa mente, que faz com que pensemos e agimos assim. Nosso ego não está interessado em mudanças ou em seu crescimento, muito pelo contrário, ele quer estacioná-lo naquele mundo onde nada muda, a chamada zona de conforto.

Sem entender que não existem limites, nos limitamos a todo instante, estamos inseguros, com medo e sendo pouco criativos. Entendo que o mundo tem suas regras, seus limites, seu preço por cada coisa que desejamos. No entanto, precisamos desse poder a nosso favor, não contra nós. Os limites são regras mentais, apenas isso.

Se acreditarmos que tudo é limitado, nosso poder, nossos recursos, nossa mente, o Universo passa a se configurar numa tonalidade monocromática, apenas em preto e branco e, talvez, poucas outras tonalidades. Essa é a limitação, perdemos o poder de criatividade.

Mas onde basicamente estão os limites de tudo?

Nas suas crenças, no seu subconsciente, no seu modo de pensar ou de ter aceitado algumas verdades que não são suas, mas experiências de outras pessoas. O plano para se desvencilhar de tudo isso é, descobrir, buscar, experienciar por si só, pagar o preço pelas suas próprias conclusões, isso parece coerente?

Vamos a um exemplo de limitação. Analise e gere a sua opinião.

Certo dia, logo pela manhã, lendo o jornal, vi a seguinte chamada: "Homem entrou no Guinness Books, o livro dos recordes, com a grande façanha de comer uma bicicleta inteira."

Em minha mente chegou a seguinte mensagem: "impossível."

Não tem a mínima lógica, deve ser mais uma daquelas jogadas de marketing.

Bem, não tinha lógica, tinha apenas uma estrutura de impossibilidades, tudo aqui dentro, na minha mente limitada.

Li a reportagem integralmente e me deparei com um nome, um Francês chamado Michel Lotito. Ele realmente tinha realizado esse feito, essa façanha, ele havia levado dois anos para comer uma bicicleta. Sua técnica era dividi-la em pequenos fragmentos e ingeri-los, diariamente, com auxílio de óleo. Ele estava no Guinness Book, era verídico, e olha que foram mais de 20 bicicletas, e até um pequeno avião. É quase inacreditável, mas é verdade, aconteceu, está lá, relatado.

Muitas das nossas crenças limitantes não fazem nenhum sentido e, com o tempo, precisamos fazer uma verdadeira reciclagem, ou seja, 90% do que acreditamos não faz sentido mesmo, são crenças que nos ofertam inseguranças e medos, uma parafernália de coisas absurdas.

O que fica claro para o povo havaiano em relação ao princípio KALA, é que nós não conseguimos ver longe. Em geral, nossa visão é curta e limitada, e precisamos trabalhar isso, precisamos crescer, esse é o fato, exercitar nosso potencial criativo, buscar, conhecer e sempre fazer ou saborear uma experiência nova.

Outro exemplo de KALA: libertarmo-nos de nossas limitações.

Imagine-se com uma sensação forte de rejeição. A pergunta seria: dá para se libertar disso? Sua resposta pode ser: SIM. Em seguida, viria a pergunta: será que você está realmente disposto a se libertar desse sentimento? Honestamente, sua resposta seria: NÃO. Eu sei que na superfície, você diria sim, mas não dá para se enganar, seu ego precisa desse sentimento, precisa ser a vítima, precisa sentir a dor, há essa necessidade. Se fosse tão fácil e simples assim, você já teria se libertado disso tudo.

Sempre que dizemos: eu sei de tudo, eu conheço, entendo, mas não consigo me livrar dessa situação, um significado está por trás disso. Estamos atados a um modo de pensar.

Todas essas afirmações, nos leva a uma direção: mesmo sabendo de tudo, existe dentro de nós limitações de recompensa. Não querer se livrar de algo (IKE) que estudamos na aula anterior, demonstra uma enorme limitação, é uma percepção baseada em uma ou mais crenças instaladas, na qual, proclama-se, que não queremos realmente outro caminho. Isso reforça os estados mentais que estão escravizando, mas, por trás desse cenário, existe um ganho, e é aí que acabamos permanecendo nesse estado. Essa é a trava, o bloqueio.

É justamente nesse ponto que precisamos trabalhar e quebrar esse padrão.

Não há limites, é possível realizar essas mudanças, mas é necessário se abrir. É como aquele gesto das mãos que se abrem e deixa algo ir embora, sem apegos, sem ganhos ou perdas. Quando alguma coisa vai, outra chega, essa é a dinâmica, esse é o processo.

Uma pergunta que sempre me fazem é: "Por que, às vezes, não deixamos os sentimentos escravizadores como o medo, a insegurança, a rejeição irem embora." A resposta pode ser simples: por apego, nós nos acostumamos a eles e seus "ganhos".

Existem motivos que podem justificar esse comportamento limitador. Dois deles são até razoáveis.

- Por compensação – Quando a pessoa está nesse estado, existem mais ganhos do que perdas, e isso influencia na manutenção inconsciente desse processo.

- Por culpa – Mesmo não sabendo ou entendendo, pode haver culpas baseadas em alguma distorção de pensamento. Por exemplo: a crença de que seu pai a rejeitou quando criança; acreditar que sua mãe, que estava em luto por algum motivo, a abandonou; que no meio de cinco irmãos, recebeu pouco afeto por ser a única menina, e por aí vai. Nesses casos, a pessoa que sente a limitação, quer se punir, esse é um dos mecanismos.

No final, KALA E IKE, andam juntos – por isso, quando for realizar o Ho'oponopono, tenha esse sentimento do ilimitado, da abertura, do possível em sua vida. Se apegue ao lema do "vai dar certo", de acreditar, confiar, ter fé. Assim, o IKE e o KALA se ativam, a energia flui em direção aos seus comportamentos, a vibração muda e tudo se encaminha na limpeza.

Pilar 3: Makia

Foco, aquilo que você dá atenção

Tudo, sem exceção, por mínima ação que tenhamos realizado de modo consciente ou inconscientemente, tem efeitos e consequências.

Pode ser uma escolha simples, básica, mas ela move energias. É como um pequeno dominó; embora seja apenas uma peça de dominó, um simples dominó, quando ele tomba e bate no outro, toda uma sequência de dominós cai, como uma cascata. Em nossa mente, quando a percepção está limitada, nós não conseguimos visualizar essas sucessivas relações e conexões. Para nós, as ações parecem dispersas, individuais, casuais e sem muitas consequências. Dentro da filosofia Huna, tudo está conectado.

Para entender o poder do MAKIA e a essência do Ho'oponopono, precisamos entender algo indispensável: estamos todos conectados. A energia flui em nossas vidas, temos ações e consequências, o mundo gira, somos todos influenciados de forma direta ou indireta.

A partir disso, podemos chegar ao próximo ponto valendo-se de um simples exemplo: quando agimos, fazemos uma escolha, e como sabemos, a vida é feita de pequenas, médias e grandes escolhas. Com essa atitude, a energia fluiu, e aí entra MAKIA: o foco que damos, a atenção que depositamos no fato em si. Basicamente a energia flui para onde levamos nossa atenção e o nosso foco.

Seria algo mais ou menos assim:

Se a pessoa está com falta de dinheiro, ela está focada na falta do dinheiro, na escassez.

Se ela está se relacionando com uma pessoa e percebe apenas os seus comportamentos negativos, ela está focada no negativo dessa pessoa.

Se uma situação a está deixando em desespero, novamente o foco vai ser direto nessa situação desesperadora.

O foco é importante, pois ele mobiliza nossa atenção, nossa concentração e nosso poder, mas esse foco tem de ter a polaridade certa.

Podemos ter um problema, mas não podemos ficar focados essencialmente nele, mas sim nas soluções que efetivamente irão nos fazer vencer esse desafio.

Vamos dar alguns exemplos sobre o foco:

Imagine que pretende alugar uma casa, você sai de manhã para procurar algumas ofertas de locação e percebe que na sua rua há várias casas para alugar que nunca antes havia notado. Veja, eu disse percebe, de percepção, isso mostra que sua atenção, seu foco sobre casas para alugar nunca estiveram lá, afinal, não era a sua necessidade. Mas, no momento em que surgiu essa necessidade, seu foco se voltou para isso, e assim, na mesma rua em que mora, percebe inúmeras casas para alugar.

Observe que o foco e a atenção seguem um caminho, o da necessidade e do desejo.

A mesma coisa acontece com um automóvel, a pessoa decide comprar um veículo da marca X, nunca tinha notado esse carro na sua cidade, mas, de repente, teve a intenção de comprá-lo. É aí que está o desejo, a necessidade, e nessa energia o cérebro começa a focar e descobre que existem milhares de carros daquela marca na rua.

Com as emoções ocorre o mesmo processo, por uma sucessão de situações, sentimos necessidade de carinho e atenção, é justamente para onde vai o foco naquele momento, para a pessoa na qual elegemos que deve, de alguma forma, nos dar carinho e atenção. O foco está ali, e se tiver escassez, começam os problemas.

Creio que tenha ficado claro este Postulado da filosofia havaiana: a energia flui para onde a atenção vai.

Vamos agora alinhar o MAKIA à prática do Ho'oponopono.

Ao realizar uma petição no Ho'oponopono, a sua atenção é ativada e ela deverá estar voltada integralmente para isso, assim, a energia é direcionada nesse propósito e o êxito estabelecido.

Vejamos de outra forma, acompanhe comigo.

Vamos supor que uma pessoa tenha um objetivo, mas tem um bloqueio para chegar a esse objetivo. Ela não sabe quais são os bloqueios, porém acertadamente faz uma petição para desbloquear o seu caminho. Por exemplo:

Deus, limpe em mim tudo o que está bloqueando meu caminho financeiro.

Muito bem. O foco está no desbloqueio e é realizada a prática por alguns dias, no entanto, em dado momento, a pessoa muda de ideia. Ela percebe que existe algo mais urgente e prioritário a ser solicitado. Então, simplesmente ela muda aquela petição inicial para outra com um novo objetivo. Isso se chama interrupção.

Veja! Será que não é isso que vem fazendo na sua vida constantemente? Pulando de desejo em desejo, sem se dar conta de que é necessário foco, atenção, para que a energia chegue até a situação e defina soluções e resultados? Sem essa perspectiva, nada vai funcionar, apenas iremos gastar mais e mais energia, nos sentindo frustrados.

Aqui está a chave, tudo se resume em direcionar o MAKIA e mantê-lo na direção certa. Para direcioná-lo é preciso estabelecer objetivos concretos, prioridades, ir diretamente na raiz do problema.

E o que mais é necessário?

Disciplina! Esta é uma ferramenta perfeita que se integra na concentração contínua do foco, ou seja, tente, tente e tente, persista até o êxito.

Em se tratando de disciplina, temos muitas falhas nessa execução. Reunimos energia, criamos objetivos, nos dedicamos a algo, porém, quando os resultados não são imediatos, ou seja, conquistados em curto prazo, simplesmente desistimos.

Rompa esse ciclo, crie objetivos menores, imagine uma escada com seus degraus e planeje subir um a um, no momento certo você estará no topo.

No exemplo sobre mudar de objetivo, fica bem claro que esperamos por resultados rápidos, essa é a essência da velocidade da modernidade. No popular dizemos: queremos tudo para ontem. Pensamos assim por desprezar a sabedoria do ritmo da natureza. Hoje, nosso grande desafio é nos mantermos continuamente focados e sermos persistentes. Seremos, em algum momento, sabotados pela distração, e não podemos ceder. No mundo atual, os distrativos são muito comuns, então, para manter seu foco e disciplina, nada mais justo que se distanciar desses distrativos e ficar mais próximo da persistência.

A fórmula é bem simples, focar na percepção positiva, buscando soluções e mantendo o foco com disciplina.

Agora uma pergunta fundamental:

Você está com um problema em sua vida?

Se a resposta foi sim, tudo bem. Acredito que sempre estamos com algum tipo de problema que, no meu ponto de vista, eu proclamo como desafio. Então, vamos mudar a pergunta:

Qual é o seu foco nesse momento?

Encontramos aqui, mais uma chave!

Ao responder que está focando no problema e está sofrendo, acredite, o seu foco está na direção errada.

Mude o foco, use o Ho'oponopono com a intenção de encontrar o caminho, mas esteja aberto para a resposta.

Quando praticamos o Ho'oponopono de forma consciente, ele abre portas e nos dá acesso a determinadas respostas importantes para aquele momento.

Muitas pessoas obtêm respostas e acertos com o Ho'oponopono, as que não atingem esse objetivo, são frutos de mentes dispersas, energia tensa, tudo está tão negativo, que elas não conseguem enxergar a solução à sua frente.

A porta está aberta, confie, abra os olhos e capte a sua resposta.

Uma das mensagens mais instigantes que já tive sobre o Ho'oponopono foi:

A porta nunca está fechada, esse é o princípio de IKE; não se limite, esse é o princípio do KALA; apenas foque, o que nos remete à MAKIA. Abra a sua mente e gire a maçaneta. A confiança na vida é tudo!

Pilar 4: Manawa
Seu momento é agora

O cérebro é um aparato incrível, isso todos nós temos de concordar, mas ele precisa de certas regras para funcionar bem. Nosso cérebro necessita de um processo de linearidade de tempo, pois ele sempre trabalha com padrões, constâncias e contrastes para tudo ser elaborado e entendido.

Se explorarmos bem o mecanismo de trabalho de lógica mental, veremos que o cérebro realiza suas interpretações e comparações por meio dos contrastes: claro e escuro; preto e branco; alegre e triste; Sol e Lua; alegria e tristeza e assim por diante.

Com a linha do tempo não é diferente. O cérebro divide a percepção espacial temporal em três pontos: passado, presente e futuro.

Passado, é um tempo onde já vivemos, é nele que armazenamos ou registramos nossas memórias. Presente, é onde vivemos, aqui e agora, quando estamos diante de novas experiências. Futuro, na verdade, falando de forma bem simples, é apenas uma projeção do presente.

É assim que o cérebro funciona em relação ao tempo. Porém, ele nem sempre tem coerência nesses processos. Nesse mecanismo de percepção há uma falha, ele não consegue discernir de forma completa que é justamente no tempo presente que podemos definir ações, escolhas, viver, agir e transformar a realidade.

Por isso, o cérebro vive muitas vezes buscando padrões no passado para aplicá-los no tempo presente. De certa forma, esse processo seria imensamente louvável e enriquecedor, pois armazenaríamos muitas e muitas experiências e, assim, poderíamos utilizar esses recursos com grande sabedoria. O grande problema é a falta de plasticidade para aplicar essas informações mentais da maneira e no momento certo, e entender que é necessário uma atualização contínua, afinal, todas as informações no nosso mundo atual mudam continuamente, e nem sempre as mesmas regras se aplicam.

Imagine na sua frente um teclado de computador. Uma pessoa pede para que escreva um texto, então você busca na sua memória essa técnica de escrita, porém o que tem registrado em sua na memória é apenas a fórmula de como se escrevia com uma máquina de datilografar. Mesmo toda sua destreza e conhecimento de datilografia que aprendeu lá no passado, não vai ajudar de forma integral a utilizar o teclado do computador. As realidades são diferentes.

Os tempos são outros, evoluímos constantemente, a aprendizagem é necessária e o cérebro a todo instante precisa acompanhar tudo isso, se expandir, ganhar plasticidade.

Da mesma maneira funciona com o futuro. O cérebro tenta fazer um circuito de controle de riscos, para criar segurança, mas, com toda essa percepção exagerada, acaba criando ansiedades, preocupações, e claro, muitos medos.

O que a filosofia havaiana quer dizer com MANAWA?

Resumidamente, de forma muito eficaz, podemos dizer que, é no momento presente que se concentra o poder.

Não podemos fazer absolutamente nada em relação ao passado e ao futuro, eles são apenas meros sistemas de projeção nos quais não podemos residir nosso foco. E essa regra deve ser aplicada de modo consciente.

Não precisamos simular projeções para seu futuro, precisamos apenas realizar boas escolhas, esse é o ponto, mas isso precisa ser feito com ações direcionadas para o tempo presente, nesse exato instante.

Nas crenças havaianas, a percepção de que o passado molda o presente é relativa. Eles têm outra fórmula para isso: "Suas crenças atuais, decisões e ações relacionadas a si mesmo e ao mundo ao seu redor, formam a sua consciência do mundo e de si mesmo, e isso define a sua experiência atual."

Esse é um ponto inteiramente importante para definir que: o poder está no agora, esqueça o resto.

Questões importantes:

Pare por um minuto o que está fazendo agora. Olhe ao seu redor. Olhe com toda a sua capacidade sensorial, ou seja, sinta, veja, cheire, escute, toque, use seus sentidos, essa é a sua realidade.

Analise agora: como está se sentindo? Como está o seu estado mental e emocional? Como está o seu corpo? Tente capturar os detalhes: que roupa está usando? Qual é a situação ao seu redor. O que está fazendo neste exato momento? Tudo isso é muito importante.

Sinta a sua presença, aqui e agora, neste espaço e neste tempo.

Agora responda:

Será que este momento poderá se repetir da mesma maneira em outro tempo de sua existência, nas mesmas condições?

A resposta é pura e simplesmente: NÃO.

Este momento é único, não existe a menor possibilidade de repeti-lo, em toda sua forma e conteúdo por toda eternidade. O momento simplesmente passou, acabou, não dá para pegá-lo lá atrás, nem lá na frente. Já foi.

Todo o poder para agirmos está aqui, neste instante. É nesse momento que somos cocriadores do Universo. Detemos um poder ilimitado para utilizarmos da melhor maneira possível.

Se você semear um pensamento positivo, ele ressoa, ele é sua criação no agora. Este é o nível de consciência que precisamos ter. Quando entender, sentir e desfrutar dessa percepção, a sua consciência inevitavelmente dará um salto.

Ao entrar no momento e desfrutá-lo, crescemos, pois sabemos que este é o momento mais importante da nossa vida, é tudo o que temos.

Muitas pessoas têm o mecanismo da procrastinação, ou seja, deixam tudo para amanhã. Não recorra a esse sistema, pense: MEU MOMENTO É AGORA.

Vamos a alguns exemplos:

"Estou esperando alguém me ligar a tempos." – *Esqueça isso, ligue, tome a ação em suas mãos. Este é o seu momento.*

"Estou esperando um dia especial para usar este perfume." – *Entenda, esse dia chegou! O momento presente é o dia especial.*

Mas, lembre-se: o ego sempre tentará sabotá-lo, ele vai gritar: "faça amanhã", "resolva amanhã", ou, "espere um pouco mais" e, "mais um pouco", porque ele está orientado para bloquear e sabotar o seu crescimento e levá-lo à zona de conforto. Não caia na armadilha do ego, incorpore em sua vida a ação, coloque toda a sua atitude e sua capacidade de agir no agora. Se é para perdoar perdoe; se é para amar, ame; se for para desculpar, desculpe. Coloque sempre a sua intenção positiva neste momento.

Mas, atenção: o ego tem outro lado também, ele é tão esperto que, obviamente, estabelecerá uma narração mental para tentar enganá-lo e sabotá-lo.

Imagine-se no meio de uma discussão. Pare por um minuto. Apenas, respire. Observe seu estado emocional. É provável que esteja com raiva, num processo agressivo. Foi justamente o ego que o colocou neste estado de alerta.

Diante desse cenário é comum pensar: "eu preciso resolver isso agora" (aqui o ego faz o oposto, impulsivamente, ele empurra para a situação). No entanto, o que a sabedoria diz é: em casos de raiva, respire; mantenha a calma; aja com cautela; resolva depois. As coisas podem piorar se forem resolvidas por impulso, apenas dê um tempo.

Qual é a sua escolha: o agora do ego ou o depois da sabedoria?

Veja como o ego é genioso e pode facilmente colocar você em várias armadilhas.

O poder da boa decisão está no agora: aprenda a decidir da melhor maneira possível e use essa decisão no presente. Mas, lembre-se: mantenha-se continuamente num estado de plena atenção e harmonia, cuidado com as armadilhas, assim, os resultados serão sempre positivos.

Pilar 5: Aloha
Amar é estar feliz com ....

Chegamos ao Pilar do amor. Porém, quando falamos de amor, temos de nos orientar num caminho mais profundo, porque essa palavra é usada de muitas maneiras diferentes. Amor pode indicar:

- Profundos sentimentos emocionais (eu amo você).
- Conexão emocional (eu amo meus pais).
- Uma sensação de segurança espiritual (Deus me ama).

- Prazer e desejo (eu amo esse chocolate).
- Adoração (eu amo meus heróis dos quadrinhos).
- Paixão sexual (quero fazer amor com você).
- Uma intenção (eu adoraria fazer isso).
- Um mecanismo de controle (se me ama de verdade, então, faça isso ....)

Com a filosofia Huna, no entanto, a definição de amor é muito clara. A palavra havaiana para o amor é ALOHA, um composto de *alo*, que significa "estar junto, compartilhando e experienciando no aqui e agora" e *oha*, que significa "simpatia, alegria" ou mesmo "felicidade".

Portanto, o significado de amor ou ALOHA é: "Experimentando alegria com ....".

Para a filosofia Huna, ser feliz vem do amor. Ser infeliz vem do medo, da raiva e da insegurança. É exatamente neste Pilar que dedico uma atenção muito especial.

Se ALOHA é experimentar alegria com alguém, fica bem claro que amor e felicidade é um processo de compartilhar. É trazer a alegria e o amor até você e, dessa maneira, compartilhá-los.

A palavra chave do amor e da felicidade é compartilhar, nós temos a habilidade de sozinhos experimentarmos algo, mas isso somente se eleva a outro plano maior se compartilhamos.

Vamos analisar os postulados havaianos em relação ao amor:

PRIMEIRO: o amor cresce quando o seu julgamento diminui – ou seja, quanto mais você julga, critica, foca no negativo, volta sua percepção para os defeitos, não aceita como o outro é ou exige mudanças, todo o amor envolvido diminui. O amor, no sentido puro da palavra, não é exigente, ele é natural, sem condições, ele apenas é.

Há milênios estamos tentando aprender algo sobre o amor, mas, infelizmente, ainda desconhecemos o seu poder, a sua profundidade e damos espaço ao egoísmo.

O ego é a raiz de todos os nossos medos, assim como do egoísmo. Ele tem sempre a capacidade de separar, é individualista, julgador e crítico. Entenda que: o foco de toda a sua atenção, quando direcionado aos aspectos positivos da sua vida e do seu relacionamento, tem o poder de atrair energias extremamente benéficas. Um claro exemplo dessa perspectiva positiva é o elogio. Para que, por si só, possa comprovar isso, comece por elogiar alguém. Dirija seu foco para o lado positivo dessa pessoa e veja a carga positiva que se manifesta ao seu redor.

SEGUNDO: tudo está vivo, consciente e responde – quando essa filosofia é bem assimilada, começamos por reconhecer que esse sonho no qual vivemos, dito pelos havaianos, não é um sonho só seu; é um sonho compartilhado! Sou responsável por minhas escolhas, e tenho de ter consciência disso. Uma escolha amorosa significa que tudo que está vivo responde da mesma maneira. Aqui, o grande ensinamento, é o do eco.

Perceba como existem pessoas que estão brigando consigo mesmas, com o mundo e com a vida. Observe que, nessa troca de energias, tudo se manifesta de forma negativa.

Em minha experiência pessoal, já evidenciei que muitas doenças graves têm sua origem na falta do amor, na escassez de amor-próprio, na falta de compaixão.

Vou demonstrar esse processo com uma figura de imagem.

Imagine um jardim repleto de flores, que simboliza a sua vida, e uma mangueira que jorra água; a água aqui é o arquétipo do amor. Em algum momento da sua vida, a água simplesmente para de sair por essa mangueira. Nesse instante, começa a ari-dez, a terra e as plantas começam a secar e murchar, a vida, que em outro momento era deslumbrante, agora está acabando. O jardim, como reflexo da sua vida, está se tornando seco, duro, sem amor.

A questão é: "Por que a água não sai mais? Por que a água aca-bou?" Se a água é o símbolo do amor, e o amor é uma energia infinita e divina, é impossível que essa energia simplesmente tenha parado de fluir na sua vida sem qualquer motivo.

As pessoas que estão nesse processo de bloqueio do amor começam a buscar motivos, e todos os motivos para ela estão lá fora. Como sempre, valemo-nos do sistema de culpar alguém e quebramos o pacto do 100% responsável. Brigamos com todos ao nosso redor, afinal, estou sem resposta, estou frustrado, brigo com a vida, com Deus e não paro nem por apenas um instante para olhar que sou eu que estou pisando na mangueira, a ponto de bloquear o amor a mim mesmo e ao meu jardim, a vida.

Reconhecer que a responsabilidade é totalmente sua em relação a dar e receber amor é uma das extraordinárias capaci-dades de evoluir.

ALOHA – Como você vê o amor nos dias de hoje?

É certo que hoje temos menos guerras e mais paz no mundo, isso fica claro em relação a tempos negros da História da Huma-nidade. Parece então que as pessoas se amam mais, certo? Errado!

A palavra talvez não seja amor, acredito que a palavra correta seja tolerância. Hoje as pessoas vivem em grupos isolados e são imensamente individualistas. Elas têm seu ponto de vista, sua percepção e se fecham diante de suas verdades. E, se qualquer pessoa, por menor que seja seu gesto, for contra, pronto, a guerra começou. A maioria das pessoas vive em grupos que falam a mesma língua, elas sabem que lá estarão seguras.

A tolerância permite apenas que, de vez em quando, as pessoas cheguem umas perto das outras. Porém, por tempo limitado, senão a tolerância acaba. A paz é feita assim, cada um bem longe do outro. É diante disso que vemos os gestos de intolerância mundial, os absurdos que ocorrem, pois, tolerância acumulada tem a tendência de gerar explosões imensuráveis. No final, enquanto cada um estiver no seu quadrado, no seu território, está tudo bem.

Entenda que conviver com aquela pessoa que lhe parece chata, metódica, egoísta, triste, negativa, é muito difícil, no entanto, é isso que é o amor. Amar nas igualdades não faz sentido, mas amar diante das diferenças, esse é o grande desafio. O inimigo são as diferenças. Quando dizem: "ame os seus inimigos", essa frase mostra que é preciso aprender a amar as diferenças.

Aprendemos mais com as diferenças do que com as igualdades. Motivo pela qual elas são tão maravilhosas. Nas diferenças, tal qual a água e o fogo, é que ocorrem os atritos, e eles geram crescimento, esse é o desafio.

Então não se engane: ALOHA é estar alegre com.............., isso significa trazer essa alegria para dentro de si e compartilhá-la com as pessoas. É nesse compartilhar que se brinda o verdadeiro amor.

Pilar 6: MANA

Todo o poder vem de dentro

Louise Hay, uma escritora motivacional norte-americana (1926-2017), em um de seus livros anunciou: "O poder está dentro de você". Uma leitura incrivelmente saudável, vale a pena conferir.

Mas a grande pergunta é: será que acreditamos mesmo nisso?

E mais, será que temos como acessar essa força, esse poder todo, ou isso é mais um truque da nossa mente fantasiosa, tentando nos distrair de tudo?

Baseado em tudo o que estudei e em todas as práticas que realizei das mais diversas formas, para mim, ficou bem claro que existe dentro de nós uma fração poderosa da força divina. Talvez esse seja o significado da frase: "... e Deus criou o homem à sua imagem e semelhança."

Contudo, o mais importante aqui é experienciar essa energia para ter a sua própria percepção, afinal, quando for realizar o Ho'oponopono, irá sentir que tem dentro de você o poder de se conectar com a divindade para realizar a profunda limpeza.

Autocrítica, culpas, remorsos, arrependimentos estarão sempre puxando você para descrédito de si mesmo. É mais fácil acreditar que os outros é que são super-heróis. É mais fácil crer que lá fora tem um salvador, do que buscar com todas as forças melhorar.

Mantenho sempre ativa em mim a força constante da busca e do meu melhoramento pessoal usando um mantra bem simples:

EU POSSO, EU QUERO, EU CONSIGO.

O primeiro passo para acreditar nesse poder, é entender o mantra EU POSSO. E acredite, você pode. Podemos fazer qualquer coisa que quisermos, qualquer coisa mesmo, mas sempre lembrando de que cada ação tem uma consequência, esse enunciado nos manterá focados em ações mais conscientes, menos egoístas e mais amorosas.

A segunda máxima é EU QUERO, essa é a conexão entre o MANA (a filosofia do poder) e o HOPO (a vontade). Quando essas duas naturezas são internalizadas dentro de nós, o poder e o querer despertam, e tudo se torna ilimitado e possível.

Por fim, se faz necessário integrar a expressão EU CONSIGO como um captador de todas as nossas forças e habilidades profundas, focadas na direção da realização, produzindo assim, internamente, uma sensação única da possibilidade de que podemos finalmente alcançar os nossos mais íntimos objetivos.

Mas vamos para algo mais prático. Usaremos agora uma forma de comparação para entender a petição do Ho'oponopono.

Em uma situação X, podemos dizer que existe algo bloqueando uma área da sua vida. Uma mágoa do seu companheiro(a), por exemplo. Já descobrimos o problema, o foco.

O objetivo passa a ser: limpar essas mágoas.

Devemos estar cientes de que esse problema não foi criado sozinho, existe uma responsabilidade mútua. O Ho'oponopono diz isso quando mostra que estamos todos conectados e somos responsáveis e cocriadores de nossas experiências.

Mas, nesse momento, é preciso limpar esse problema, esse bloqueio, pois é notório que ele está incomodando e determinando consequências negativas em sua vida, existe uma consciência disso.

Visto de outra forma: esse é o seu desejo, EU QUERO. Mas desejar não basta, é preciso acreditar que pode, EU POSSO. E é para isso que está praticando, para alcançar o resultado, EU CONSIGO. Eu posso, quero e consigo agir, criar o momento e as condições certas para a limpeza.

Então pensamos em alguns pontos chaves para funcionar esse seu poder.

- Nada vai acontecer se não tiver intenção. Ou seja, nada acontecerá se não escolher um propósito e colocar toda a sua ação nele.
- Aconteceu o bloqueio, o incômodo está presente? Assume que teve responsabilidade também.
- Você é a única pessoa que pode definir a experiência de limpeza. Apenas decida e aja.
- Sua energia, sua força, seu poder, deve ser focado pela sua atenção, fortalecido pela sua intenção e pela forte crença da possibilidade da limpeza, tudo isso ativa todos os canais que estão ligados à divindade.
- Coloque toda a sua certeza, a sua confiança e veja a cada dia seu poder se expandindo. E, apenas, não mais que isso, confie no tempo do Universo.

Diante disso, aos poucos vai entender que o poder de se conectar com sua divindade interior e exterior vai expandindo a sua confiança e seu poder.

Enunciar que o poder está dentro de nós é simples, entretanto, para entendê-lo e colocá-lo em prática se faz necessário trazer esse conteúdo para a sua realidade. Eu sempre digo, teoria é um monte de livros em uma biblioteca; se dispor em busca do conhecimento o fortalecerá, mas é na prática e na experiência que tudo se transforma em sabedoria.

Vamos buscar esse alinhamento através da descrição de dois pontos que sabotam e acabam com seu poder pessoal. O VITIMISMO e a INCREDULIDADE. Evite-os a todo custo:

» VITIMISMO: principal característica que bloqueia nosso poder.

Diante de um desafio existem dois grupos de pessoas bem definidos, os que fazem e os que não fazem nada.

Os que fazem, aqueles que têm a coragem de enfrentar o desafio ao invés de simplesmente colocá-lo de lado, são os que criam e colocam ação na sua vida. Pessoas desse grupo não esperam, estão abertas para as oportunidades, o que vale para elas é a experiência, carregam consigo o poder de criar, daí vem a criatividade, a evolução, o pleno crescimento. Elas podem ser criticadas, mas não se importam com isso, são responsáveis pelos seus atos, suas ações e suas escolhas.

Aqueles que não fazem nada, os vitimistas, estão sempre na zona de conforto, não agem por medo, não arriscam com receio da crítica, acreditam que para tudo exige muito esforço. O indivíduo que faz parte desse grupo, quer que o universo faça tudo por ele. É o cidadão que se acomodou na situação, se rendeu, e então, se coloca como vítima, resmunga, reclama e não sai do lugar, se vitimiza o tempo todo.

Qual dos dois grupos está preparado para lidar com seu poder interno, o primeiro ou o segundo?

Muito bem, o primeiro, é claro.

Agora a pergunta de ouro, responda de forma honesta: em que grupo você está inserido?

Sua resposta lhe dará consciência da necessidade de uma mudança pessoal. Isso é muito importante.

» INCREDULIDADE: não acreditar em si mesmo.

Por que as pessoas não acreditam em si mesmo? Vamos expressamente assimilar isso. Nascemos sabendo sobre todas as coisas? É claro que não. Todos nós, sem exceção, passamos por um processo de aprendizagem. E quem foram nossos primeiros professores? Muito bem, irrevogavelmente, foram nossos pais, biológicos ou não. Na sequência, vieram os professores da escola, a sociedade, a religião, a cultura, entre outros.

Agora, imagine-se criança, em um processo constante de aprendizado. De certa forma, tudo o que é novo causa medos e ansiedade e nós nos esforçamos para aprender mesmo diante disso tudo.

Nossa forma de aprendizado funciona de dois modos: por imitação e por erros e acertos. Quando somos crianças, não temos ainda o amadurecimento necessário para assimilar isso. Aquela lista enorme de preceitos como pontualidade, honestidade, moralidade, o certo e o errado, caem sobre nós como uma avalanche, e vamos errando, errando e aprendendo.

O grande problema é que nossa cultura é repressora, então somos reprimidos, castigados e violentados na nossa forma de pensar, de agir, em nossa capacidade de criar, e em nossa naturalidade sempre que erramos. Com isso, cada vez mais nos sentimos afastados de nós mesmos; tudo é errado, tudo é incerto, inseguro, e por percebermos isso, nos tornamos uma constante de críticas, desafetos, rigidez, despedaçando o nosso poder pessoal e marcando as nossas memórias com o conteúdo do fracasso.

Crianças têm uma dimensão enorme para tudo. Procure se lembrar daquela casa em que morava quando criança, não era gigante? Porém, provavelmente ao vê-la hoje, pode achá-la bem pequena. Assim é a nossa percepção em relação a tudo quando crianças, ela é ampla, aumentada. Da mesma forma é a nossa relação com as críticas e todo o processo de repressão, eles se tornam gigantescos e desconstroem o nosso poder de agir, nos paralisando diante das situações ou nos jogando em profundas indecisões.

Precisamos abandonar essa percepção distorcida do EU NÃO POSSO, e seguir nossos reais valores. Diga sempre diante de qualquer dificuldade para emergir o seu poder pessoal: EU QUERO, EU POSSO, EU CONSIGO, isso vai ajudar, e muito.

Pilar 7: Pono
A eficácia é a medida da verdade

Chegamos ao Sétimo Pilar – PONO – O enunciado desse Pilar vai fornecer toda referência necessária ao uso do Ho'oponopono.

Como vimos anteriormente, a expressão EU QUERO tem um poder incrível, ela carrega consigo toda a sua energia.

Quando queremos algo, os limites desaparecem, e tudo funciona, certo?

Errado. Seria certo se isso fosse verdade. A grande questão aqui é: quando eu *realmente* quero algo?

Às vezes, pergunto para um cliente: "Está certo de que quer se livrar disso?"

Ele pode responder de duas formas: "Vou tentar", e a tradução para "vou tentar" é NÃO, ou pode dizer SIM. Mas, se a linguagem e a intensidade da sua expressão forem tímidas, anote: aquele SIM significa NÃO também.

Então repito com mais ênfase: "Está *realmente* certo de que quer mudar ou se livrar disso?" E ele mais uma vez diz: SIM! Mas, no fundo, eu não consigo escutar esse SIM. Na verdade, está muito visível e gritante o NÃO. No fundo, eu sei que ele não quer. Ele está mentindo, mentindo para si mesmo, não para mim.

Tudo na nossa vida só é eficaz se for verdade. E ponto final. Essa é a maravilha da filosofia.

Se uma pessoa começa a fazer o Ho'oponopono e não funciona, não é devido a este ou aquele motivo, mas porque o seu EU QUERO é uma mentira. Perdoe-me, mas é isso mesmo, a pessoa não quer se limpar, não quer ser responsável, grata, aceitar, perdoar, nada disso.

A verdade que está dentro de nós significa tudo, é a ponte para o nosso objetivo. Essa ponte pode ser sólida se for verdadeira, o que torna tudo mais leve e faz com que o sucesso aconteça, ou pode ser constituída de pura areia se for mentira, o que nos faz afundar durante o percurso.

Não sou eu, ou qualquer outra pessoa, quem vai julgar sua verdade, mas sim a divindade para qual está estabelecendo um compromisso.

Ao fazer Ho'oponopono por fazer, para se livrar de alguém, para alavancar sua ambição, ou coisas superficiais, os resultados podem até ser alcançados, mas serão superficiais.

A sua verdade interna é que faz a energia fluir. Se, por exemplo, existe a intenção de se limpar de uma mágoa, faça o Ho'oponopono para realmente se livrar dela. Mas, se lá no fundo, existe uma luta para manter essa mágoa, ou mesmo um sentimento de vingança, vai precisar revisar suas escolhas, seus limites, seu poder e suas emoções.

E tem mais. O que fazer quando algum sentimento negativo se prende a nós e não quer realmente soltar, sair, limpar?

O que nos prende a sofrimentos e pensamentos obsessivos e ruminantes são nossas crenças. Vou dar um exemplo para ficar bem claro.

Em um relacionamento com alguém, você investiu seu tempo, sua atenção, se dedicou a dar certo, a fazer realmente funcionar. Porém, não funcionou, e você acabou se decepcionando. A pessoa o fez sofrer, aliás, você fez o outro sofrer também. Nesse momento, mágoas, feridas, uma dor intensa foi instalada. Agora, você quer usar o Ho'oponopono para se libertar. De sua parte, há o reconhecimento da mágoa, o ressentimento e a decepção. Você quer deixar ir. Mas, espere, ao começar o Ho'oponopono, de repente uma expressão o faz travar: ME PERDOE. *Pedir perdão, dizer* EU TE PERDOO, *causa um bloqueio em você. Como perdoar, como pedir perdão, se estou em pleno processo de sofrimento? No fundo eu quero que o outro sinta na mesma intensidade a minha dor, não é justo, não é certo, quero vingança, quero olho por olho. Pronto: está aqui a verdade. E ela não condiz com a filosofia libertadora. Existe a necessidade de punir o outro, de se punir e nada funciona.*

Conseguiu perceber? Nesse processo de decepções, existe uma fórmula fundamental para se libertar, e não é o perdão, é a ACEITAÇÃO. O perdão vem depois que a aceitação preparar todo o caminho. Isso irá fechar o ciclo das mágoas e ressentimentos.

Aceite o ocorrido. Lembre-se: como vimos anteriormente, o seu poder está no agora, o ocorrido já foi, não dá para reescrevê-lo. O principal agora é aceitá-lo. Foi o que aconteceu que o levou aonde está, aqui e agora, nesse exato momento, desfrutando de uma nova percepção.

Eu sempre reforço esse ponto, ACEITE, esse é o seu caminho, ele vai levá-lo ao seu momento, onde deveria estar sempre.

É preciso eliminar a crença da punição, nós estamos em constante aprendizado, novas experiências surgem, certas ou erradas, temos de seguir, aprender, crescer, não dar foco a vingança, a dor, a sentimentos torturantes que ressoam, voltam e machucam. Isso é PONO, e só funciona se for verdadeiro.

Exercício

Em minha experiência prática, sempre me deparo com a mesma pergunta: "Dr. Paulo, acho que entendi, mas, e quando eu quero algo, sei que preciso daquilo, que realmente necessito, EU QUERO, só que dentro de mim existem coisas que querem o oposto?"

Esses são os sabotadores, como se fossem pequenas peças dentro de nós que atrapalham o conjunto de todo o mecanismo. Aqui, fica claro que não existe harmonia. São as crenças negativas que dominam, é difícil aceitar novas ideias. O resultado é que, essas pequenas crenças resistem, acabando com seu poder de mudar.

O que fazer? Nesse caso, insista no Ho'oponopono, insista em mudar de ideia, em mudar de crença, em tomar uma atitude contrária ao que vem fazendo continuamente sem sucesso algum. No fundo, os sabotadores querem que você insista em apenas uma ideia, nada mais que isso. Fuja desse sistema, renove-se, implante uma verdade em sua mente, existem várias soluções, nunca uma só.

A seguir, segue um roteiro para sua mente se abrir, para a nova verdade ser instalada dentro de você. Anote e siga esses passos de acordo com sua necessidade:

- Qual é o seu desejo e o seu objetivo?
- Anote dez coisas, CONCRETAS, que o fazem querer isso.
- Anote tudo o que tentou fazer e que acabou não funcionando (isso estabelecerá crenças limitantes). Analise o que falhou pelo menos para esse objetivo.

- Qual sentimento o impede de chegar a esse objetivo?
- Por fim, analise se algumas dessas coisas têm a ver com sua infância, com seus pais ou com algum evento.

Pronto, agora tudo vai depender da honestidade que tem para consigo, de estabelecer que existem sabotadores e fazer a limpeza necessária.

Esse é o procedimento correto para começar; um bom RX da sua situação, das crenças envolvidas e um estabelecimento concreto da direção das suas petições.

Se precisar eliminar um sabotador, direcione a sua petição da seguinte forma:

> Deus, limpe em mim esse sabotador que está me impedindo de _____ (diga o objetivo).

Fazendo isso, o sabotador é enfraquecido, e a energia, a possibilidade do fluxo de tudo, volta ao normal. Isso implica no alinhando da verdade do Ho'oponopono, à sua verdade interna.

As coisas irão funcionar! Lembre-se: PONO permite que sejamos mais flexíveis.

Que respeitemos mais os outros, seus comportamentos, sua história de vida e a nós mesmos. É o equilíbrio entre o coração e a mente, feito isso: tudo é possível.

Fechamos aqui os Sete Pilares que trarão toda a sabedoria e saúde para o seu espírito, sua mente, suas emoções e seu corpo, como tem feito por muito tempo na jornada de cada um que os segue. ALOHA!

12

Emoções Tóxicas

TODAS AS EMOÇÕES TÓXICAS DERIVAM exclusivamente do ego, no qual são implantados o egoísmo e o medo, como formas distorcidas e doentias.

No que concerne às emoções, todas têm um papel fundamental em nossa vida. Emoções como medo, raiva, alegria, tristeza, ciúmes entre outras, são fundamentais para nos inteirar com as experiências da vida. Cada emoção carrega uma energia própria; devemos aprender a agir conscientemente e dar o fluxo correto a essas energias.

Eu as considero todas de caráter neutro. Para exemplificar melhor, podemos demonstrar as propriedades do medo.

De um lado, o medo, quando extremado, pode levar a pessoa a ter mais precaução, prevenção, a observar mais os riscos de cada passo, e assim por diante. Se a pessoa cair no campo do desequilíbrio, ou seja, se esse medo aumentar de forma alarmante, ele acaba sendo patológico, doentio. Além de paralisante, o medo pode se tornar obsessivo, compulsivo. No outro extremo, quando o medo cai para níveis bem baixos, a pessoa perde, de certa forma, seu senso de responsabilidade e sobrevivência, criando mais desafios, obtendo uma confiança que não está alicerçada na segurança e podendo imprimir vários riscos.

A regra básica para qualquer emoção ser sadia é o equilíbrio, esse é o fundamento principal.

Usamos o termo, emoções tóxicas, para representar esse desequilíbrio. Quando as emoções chegam à tona – o que na maioria das vezes acontece, tendo em vista que as emoções não passam pelo filtro da razão –, inevitavelmente teremos sérios problemas.

Existe um intervalo pequeno entre a chegada da emoção e a prática de uma ação. Como resposta, é nesse intervalo que devemos depositar nossa razão e, assim, fazermos boas escolhas.

Emoções tóxicas, em geral, sequestram a racionalidade das pessoas, o que nos remete ao termo, "ele fez algo sem pensar". Quando somos levados por esse impulso, a destruição e as consequências negativas podem ser desastrosas.

Se o propósito do Ho'oponopono é realizar a limpeza, podemos fazer dessa proposta o alicerce de um trabalho extremamente positivo.

É direito exclusivo seu sentir raiva, mas isso não lhe dá o direito de agir de acordo com ela, infringindo, a você mesmo, e aos outros, sofrimento.

O medo pode paralisar e criar dezenas de situações e projeções imaginárias. Agir com medo, fará com que perca inúmeras oportunidades de dizer SIM a vida.

A tristeza em excesso demonstra a falta de perspectiva, de reconhecimento de valores, de dor e sofrimento. É preciso restabelecer o seu fluxo de felicidade interna.

A inveja é uma emoção destrutiva quando atinge o ponto de sempre buscar comparações nada saudáveis, inferindo à pessoa muita frustração, rigidez e descontentamento.

O ciúme está aliado ao apego excessivo, à baixa autoestima e, geralmente, está emaranhado a outras emoções como raiva e medo.

Quando emoções tóxicas se unem, o potencial destrutivo delas não só se torna vasto, mas também iminente.

Quem tem a capacidade, a lucidez de reconhecer essas emoções tóxicas, pode utilizar o Ho'oponopono como forma de limpeza, mas o ideal também seria reconhecer as raízes de cada uma dessas emoções.

Como posso utilizar o Ho'oponopono para a realização da limpeza?

Use a petição com a seguinte estrutura:

Deus, limpe em mim todas as mágoas, tristezas ou os medos que sinto.

Pratique e sempre esteja atento, vigiando essas emoções que provocam apenas sofrimento.

13

A Técnica da Regressão Zero®

Essa técnica é de minha autoria, é uma ferramenta criada para dar ao praticante um mapa de sua jornada de limpeza, determinando de forma clara e objetiva, quais pontos prioritários e fundamentais é preciso essencialmente trabalhar.

Muitos alunos me perguntam: "Por onde devo começar o meu processo de limpeza?"

Eu sempre respondo: "Comece por algo urgente, de prioridade imediata."

Mas, como saber o que é prioridade, o que é urgente, o que é mais e realmente necessário?

É imensamente importante aprender o que é prioritário em sua vida. Sem esse conceito, estará sempre à deriva das distrações da vida.

Às vezes, estamos perdidos, sem rumo, não sabemos por onde começar, pois ignoramos o COMO estabelecer prioridades. Então, eu tenho uma dica imprescindível:

- Pense na palavra necessidade, o que é mais necessário agora, em curto prazo? Sua resposta será o ponto inicial de tudo. Se tiver vários pontos, escreva-os no papel, um por um.

- Seu segundo trabalho será disponibilizá-los em uma ordem, seguindo a prioridade.

- Outra dica é: Nunca deixe nada incomodando na sua cabeça, isso só irá causar mais conflitos.

- Agora que estabeleceu suas prioridades, comece a limpeza dando foco a apenas uma de cada vez. Ao atingir um resultado, vá para o próximo objetivo, consecutivamente, utilizando-se da estrutura correta da petição.

Uma questão muito comum que me chega é: "Posso fazer o Ho'oponopono para várias coisas ao mesmo tempo?". Já orientamos que não, prioridade, foco, energia, atenção, esses sãos os requisitos básicos para bons resultados, entregue-se a limpeza, nada de automatismo. Mergulhe no processo, participe, se conecte.

Vejamos outra modalidade para priorizar suas questões à regressão zero®. Vamos ao exercício de construção passo a passo.

- Pegue uma folha de sulfite, coloque ela na posição horizontal, faça um risco de ponta a ponta na parte inferior, agora, coloque na ponta esquerda um zero e na direita, a sua idade atual. Vamos supor que hoje você tenha 50 anos. Divida essa reta em intervalos de cinco anos, ou seja, 45, 40, 35, 30, e assim por diante, até chegar ao zero, começando com a idade de zero anos no lado esquerdo até a idade atual no lado direito. Muito bem, essa é a linha do tempo da sua vida.

- Agora, descreva na sua idade mais alta (50) indo para a idade mais baixa, os acontecimentos que marcaram sua vida nesses cinco anos, e que ainda hoje incomodam, que ficou fixado, guardado, apegado à sua memória. Pode ser uma experiência, uma pessoa, uma discussão, um sentimento doloroso, um trauma, uma ferida, apenas anote-os. Faça isso em todos os intervalos de idade.

- Faça isso com calma, usando muita cautela, muito bom senso.
- Uma vez realizado todo o registro, deixo um detalhe fundamental. Dê maior importância em relembrar os fatos na idade de 0 a 10 anos; é justamente nesses intervalos de idade que se concentram campos repletos de feridas escondidas. No entanto, se você se deparar com alguma dificuldade em relembrá-las, não há problema. Isso se dá devido a presença de um sistema de segurança, um bloqueio que, de certa forma, como já vimos, ajuda, mas não cura.
- Muito bem, feito isso, temos um mapa em mãos, vários problemas que precisamos limpar e memórias que estão interferindo drasticamente no seu comportamento atual, e também, agindo como verdadeiros nós emocionais, não permitindo o fluxo do AUTOAMOR.
- Agora, pegue um item do período atual e comece a fazer Ho'oponopono para ele. Ao sentir o desconforto indo embora, passe para o outro item e vá, aos poucos, indo em direção à infância. Seguindo sempre essa direção, da idade maior para a menor, nunca o oposto, esse mecanismo irá fortalecer sua estrutura mental, emocional e energética.
- Existe uma grande possibilidade de não se lembrar de muitos fatos da sua infância, principalmente na idade entre 0 e 10 anos, isso é muito comum ocorrer, faça mesmo assim o Ho'oponopono, mesmo que seja com o propósito de destravar essas memórias: *Deus, limpe em mim tudo o que está bloqueado em minha infância.*

- Muitos fatos virão à tona, inclusive em forma de flashes e sonhos, anote-os, são verdadeiras revelações de limpeza.

Esse método foi idealizado depois de alguns anos de testes. Com ele, descobri em muitos pacientes feridas escondidas, muitas derivadas de abuso, violência física e emocional, episódios indescritíveis que, mais tarde, com o uso do Ho'oponopono de forma correta e disciplinada, chegamos ao êxito da limpeza e a libertação do sofrimento.

Essa ferramenta, com mais detalhes, está à sua disposição no CD Ho'oponopono nível 3 – intitulado *O Código*.

No decorrer desse exercício poderão surgir algumas dúvidas, como, por exemplo:

"Dr. Paulo, por mais que eu me esforce, não consigo acessar minha memória de infância. Isso é normal?"

Sim é normal, e pode ter certeza que é nesse ponto que temos um terreno cheio de bloqueios. Nesse caso, existe uma trava de segurança que impede o acesso. Todo cuidado é pouco nessa fase e, em geral, há a necessidade de um acompanhamento profissional. Para que fique mais claro, imagine que é justamente no período de nossa infância que possuímos várias pequenas feridas, e essas travas ou bloqueios servem como um mecanismo de segurança, portanto, recomenda-se muita cautela.

Meu conselho na exploração dessa área é a realização do teste de eneagrama, que irá proporcionar um entendimento completo de sua essência e de suas feridas emocionais e, aos poucos, ajudará a trazer de forma consciente e madura, cada memória e, assim, a possibilidade de limpeza pelo método de Ho'oponopono.

"Dr. Paulo, tenho tido constantes sonhos em relação à minha infância e muitos apontam para situações que nem sei se ocorreram. O que fazer?"

Anote seus sonhos e tente conversar com seus pais para entender melhor os significados. Tivemos casos de clientes que sonharam estarem sendo abusados, presos em armários, sofrendo agressões físicas e não tinham consciência disso, ou seja, o conteúdo estava bem protegido. Ao realizar o Ho'oponopono houve uma liberação gradativa dessas imagens. A pessoa sonhou, fez o registro e foi dialogar com a sua mãe sobre o conteúdo, mais tarde, foram descobertos episódios traumáticos que estavam bem guardados e enraizados em seu comportamento. Seguindo na realização do Ho'oponopono, de forma objetiva e disciplinada, a paciente desenvolveu um pleno sentimento de leveza e libertação, que proporcionou a ela seguir sua jornada de forma mais saudável.

14

As Orações Específicas no Ho'oponopono

Kahuna Morrnah Simeona nos deixou algumas orações específicas e de grande importância para a reconciliação e o perdão, afinal o foco do Ho'oponopono é justamente esse. A técnica individualizada que apresentaremos neste livro, foi amplamente adaptada dos conceitos de Simeona.

Para a cultura havaiana, a reverência aos antepassados é um resgate da força e do poder da própria vida e, portanto, um ciclo natural da existência. Entendendo perfeitamente esse conceito universal, toda proposta de reconciliação é o melhor e mais profundo caminho para a cura.

Vamos apresentar a oração ancestral do Ho'oponopono. Caso você tenha ou teve algum atrito, discórdia, desconforto, raiva, intriga ou qualquer forma negativa de pensamento com algum familiar, esse é o momento de realizar essa oração e liberar todas as memórias que podem estar enfraquecendo sua energia pessoal, causando, inclusive, várias doenças e bloqueios em sua vida.

Mas antes, para que possamos entender todo o processo, vamos realizar uma reflexão.

Tudo tem um princípio. Viemos a esse mundo graças aos nossos pais. E eles também nasceram graças aos seus respectivos pais. Visto isto, podemos compreender que a nossa existência se deve a um grande número de pais e mães que viveram no passado. Nossos ancestrais.

Nossos pais têm ou tiveram, cada qual, um pai e uma mãe; logo temos dois avôs e duas avós. E estes também tiveram, respectivamente, um pai e uma mãe; portanto, na geração dos nossos bisavós, eram oito pessoas; quatro pais e quatro mães. Somado à geração anterior, contamos 16 pessoas, e antes dela 32. Dez gerações atrás, chegamos ao número de 1.024 pessoas envolvidas em todo o processo. Agora, vou passar a você uma informação inacreditável. Se seguirmos para apenas vinte gerações passadas, a quantidade de pessoas envolvidas em sua árvore ancestral ultrapassa a casa dos 1.000.000 (um milhão) de pessoas. É um número espantoso de pais e mães que pertenceram a uma mesma árvore genealógica ancestral e dos quais estamos completamente ligados por sangue, genética e energia. Espiritualmente falando, é algo surpreendente, todos os nossos antepassados são os grandes responsáveis por essa oportunidade que ora nos é dada, a de viver.

E não devemos nos esquecer de que, cada um deles, sem exceção, exerceu um papel importante dentro dessa árvore espiritual. O que nos envolve em um profundo sentimento de gratidão.

Por isso, vamos agradecer e limpar tudo o que impede a nossa conexão de gratidão com os nossos antepassados.

Os antepassados são raízes, os pais, o tronco e os filhos, os ramos. Agora, lembre-se: se hoje somos um ramo, um galho dessa árvore, certamente um dia chegaremos a ser as raízes. Esse é o plano, esse é o fluxo.

Passar adiante essa oração dedicada aos nossos antepassados, é uma forma pura de gratidão e reconhecimento de nossas raízes. Espero que você possa expressar esses sentimentos, esse é o grande processo de aceitação e amor para com eles.

Todos os laços impuros que temos com nossos antepassados por meio de pensamentos egoístas, de dor, sofrimento, sejam eles promovidos de forma concreta, sejam de forma direta, devem ser absolvidos pela transmutação em plena luz. Esse é o propósito. Aqui, acima de tudo, entra o processo da aceitação, do amor e do perdão. Um grandioso processo para despertar a gratidão e a alegria por estarmos aqui, nesse Universo, nessa existência e em evolução.

Quando usar a oração da gratidão?

Quando perceber que dentro de você tem algum processo de sofrimento causado entre qualquer uma das partes da sua árvore familiar (pais, avós ou parentes), siga o ritual do Ho'oponopono e pratique essa oração por todos os dias, até o momento de completa dissolução de qualquer incômodo, mágoa, raiva ou ressentimento que tenha. Apenas deixe Deus limpar tudo o que está no seu subconsciente, consciente e em seu Eu interior, para transmutar tudo em luz e gratidão.

Oração original

Divino Criador, Pai, Mãe, Filho, todos em Um.

Se eu, minha família, meus parentes e antepassados, ofendemos tua família, parentes e antepassados, em pensamentos, fatos ou ações, desde o início de nossa criação até o presente, nós pedimos o teu PERDÃO.

Deixe que isso se limpe, purifique, libere e corte todas as memórias, bloqueios, energias e vibrações negativas.

Transmute essas energias indesejáveis em pura luz, e assim é.

Para limpar o meu subconsciente de toda carga emocional armazenada nele, digo uma e outra vez, durante o meu dia, as palavras chave do Ho'oponopono:

SINTO MUITO – ME PERDOE – EU TE AMO – SOU GRATO

Declaro-me em paz com todas as pessoas da Terra e com quem tenho dívidas pendentes.

Por esse instante e em seu tempo, por tudo o que não me agrada em minha vida presente:

EU SINTO MUITO – ME PERDOE – EU TE AMO – SOU GRATO

Libero todos aqueles de quem eu acredito estar recebendo danos e maus-tratos, porque simplesmente me devolvem o que fiz a eles antes, em alguma vida passada:

EU SINTO MUITO – ME PERDOE – EU TE AMO – SOU GRATO

Ainda que seja difícil para eu perdoar alguém, sou eu que peço PERDÃO a esse alguém agora. Por esse instante, em todo o tempo, por tudo o que não me agrada em minha vida presente:

EU SINTO MUITO – ME PERDOE – EU TE AMO – SOU GRATO

Por esse espaço sagrado que habito dia a dia e com o qual não me sinto confortável:

EU SINTO MUITO – ME PERDOE – EU TE AMO – SOU GRATO

Pelas difíceis relações das quais só guardo lembranças ruins:

EU SINTO MUITO – ME PERDOE – EU TE AMO – SOU GRATO

Por tudo o que não me agrada na minha vida presente, na minha vida passada, no meu trabalho e o que está ao meu redor, ó, divindade, limpa em mim o que está contribuindo para minha escassez:

EU SINTO MUITO – ME PERDOE – EU TE AMO – SOU GRATO

Se meu corpo físico experimenta ansiedade, preocupação, culpa, medo, tristeza, dor, eu pronuncio e penso: "Minhas memórias, EU TE AMO."

Estou agradecido pela oportunidade de libertar-vos e a mim.

EU SINTO MUITO – ME PERDOE – EU TE AMO – SOU GRATO

Neste momento, afirmo que EU TE AMO.

Penso na minha saúde emocional e na de todos os meus seres amados, EU TE AMO.

Para minhas necessidades e para aprender a esperar sem ansiedade, sem medo, reconheço as minhas memórias aqui neste momento:

EU SINTO MUITO – ME PERDOE – EU TE AMO – SOU GRATO

Minha contribuição para a cura da Terra:

Amada Mãe Terra, que é quem EU SOU: se eu, a minha família, os meus parentes e antepassados a maltratamos com pensamentos, palavras, fatos e ações, desde o início da nossa criação até o presente, eu peço teu PERDÃO.

Deixa que isso se limpe e purifique, libere e corte todas as memórias, bloqueios, energias e vibrações negativas.

Transmute essas energias indesejáveis em pura luz, e assim é.

Para concluir, digo que esta oração é minha porta, minha contribuição à tua saúde emocional, que é a mesma que a minha.

Então esteja bem e, na medida em que vai se curando, eu digo que: SINTO MUITO pelas memórias de dor que compartilho contigo. Peço PERDÃO por unir meu caminho ao teu para a cura. AGRADEÇO por estar aqui em mim.

EU TE AMO por ser quem és.

EU SINTO MUITO – ME PERDOE – EU TE AMO – SOU GRATO

Oração para o perdão

Buscando eliminar todos os bloqueios que atrapalham minha evolução, dedicarei alguns minutos para perdoar.

A partir deste momento, eu perdoo todas as pessoas que, de alguma forma, me ofenderam, injuriaram, prejudicaram ou causaram dificuldades desnecessárias.

Perdoo, sinceramente, quem me rejeitou, odiou, abandonou, traiu, ridicularizou, humilhou, amedrontou, iludiu.

Perdoo, especialmente, quem me provocou até que eu perdesse a paciência e reagisse violentamente, para depois me fazer sentir vergonha, remorso e culpa inadequada.

Reconheço que também fui responsável pelas agressões que recebi, pois várias vezes confiei em indivíduos negativos e permiti que me fizessem de bobo e descarregassem sobre mim seu mau caráter.

Por longos anos suportei maus-tratos, humilhações, perdendo tempo e energia, na tentativa inútil de conseguir um bom relacionamento com essas criaturas.

Já estou livre da necessidade compulsiva de sofrer, e livre da obrigação de conviver com indivíduos e ambientes tóxicos.

Iniciei agora uma nova etapa de minha vida, em companhia de gente amiga, sadia e competente, quero compartilhar sentimentos nobres, enquanto trabalhamos pelo progresso de todos nós.

Jamais voltarei a me queixar, falando sobre mágoas e pessoas negativas. Se por acaso pensar nelas, lembrarei que já estão perdoadas e não fazem mais parte de minha vida íntima, definitivamente.

Agradeço pelas dificuldades que essas pessoas me causaram, que me ajudaram a evoluir do nível humano comum ao espiritualizado em que estou agora.

Quando me lembrar das pessoas que me fizeram sofrer, procurarei valorizar suas boas qualidades e pedirei ao Criador que as perdoe também, evitando que sejam castigadas pela lei da causa e efeito, nesta ou em outras vidas futuras.

Dou razão a todas as pessoas que rejeitaram o meu amor e minhas boas intenções, pois reconheço que é um direito que assiste a cada um me repelir, não me corresponder e me afastar de suas vidas.

SINTO MUITO – ME PERDOE – EU TE AMO – OBRIGADO

(Faça uma pausa e respire profundamente algumas vezes, para acúmulo de energia, veja nos próximos capítulos acerca da respiração HA.).

Agora, sinceramente, peço perdão a todas as pessoas a quem, de alguma forma, consciente e inconscientemente eu ofendi, injuriei, prejudiquei ou desagradei.

Analisando e fazendo julgamento de tudo que realizei ao longo de toda a minha vida, vejo que o valor das minhas boas ações é suficiente para pagar todas as minhas dívidas e resgatar todas as minhas culpas, deixando um saldo positivo a meu favor.

Sinto-me em paz com minha consciência e de cabeça erguida respiro profundamente, prendo o ar e me concentro para enviar uma corrente de energia destinada ao meu EU SUPERIOR.

Ao relaxar, minhas sensações revelam que este contato foi estabelecido.

Agora, dirijo uma mensagem de fé ao meu EU SUPERIOR, pedindo orientação, em ritmo acelerado, de um projeto muito importante que estou mentalizando e para o qual já estou trabalhando com dedicação e amor.

Agradeço de todo o coração, a todas as pessoas que me ajudaram, e comprometo-me a retribuir trabalhando para o meu bem e do próximo, atuando como agente catalisador do entusiasmo, prosperidade e autorrealização.

Tudo farei em harmonia com as leis da natureza e com a permissão do nosso Criador eterno, infinito, indescritível que eu, intuitivamente, sinto como o único poder real, atuante dentro e fora de mim.

SINTO MUITO – ME PERDOE – EU TE AMO – OBRIGADO

15

Perguntas e Respostas

Respostas rápidas e claras sobre as
principais dúvidas em relação ao processo.

Ho'oponopono é limpar memórias e corrigir erros, mas, e se os erros não são meus?

Lembre-se: falamos sobre conexão, responsabilidade, memórias compartilhadas e que participamos da experiência vivida. Somos cocriadores, ou seja, se há um erro lá fora, há um erro aqui dentro, tudo é um grande espelho, nunca se exima de sua responsabilidade, esse é o despertar para uma vida espiritual.

Com Ho'oponopono posso afastar tudo o que é negativo em minha vida?

Usar a filosofia, mantendo-se sempre em alta vibração, irá ajudá-lo a ficar longe de padrões negativos. Mas, lembre-se de que é preciso aliar duas essências com muita disciplina: a prática e a oração.

Tenho assuntos inacabados com um ente que morreu, posso fazer Ho'oponopono?

Sim, utilize a oração ancestral até dissolver qualquer incômodo a respeito da pendência. Entre na vibração da gratidão, assim, o egoísmo, proveniente do ego, dá espaço ao amor, ao reconhecimento e a reparação.

Sinto-me imensamente culpado por algo que aconteceu, posso usar o Ho'oponopono para liberar essa culpa?

Pode sim, ele vai eliminar aos poucos o ciclo da culpa, e mais, vai encaminhá-lo para realizar uma reparação pessoal. Lembre-se: a culpa paralisa, a aceitação movimenta e a reparação coloca tudo no seu fluxo natural.

Às vezes, sinto que ninguém gosta de mim, por mais que eu faça de tudo. A oração pode me ajudar?

Esse tipo de sentimento é uma crença limitante, um padrão instalado que deve ser reconhecido, trabalhado e limpo. Sugerimos que faça a oração, mas é importante que resgate sua força, seus potenciais e sua habilidade. Trabalhe esses aspectos, direcione-se para eliminar sua carência afetiva.

Há anos quero encontrar um amor, posso usar essa técnica?

Muitas vezes as pessoas estão se punindo, ou se autossabotando, e caem na solidão. É preciso romper esses padrões, certamente existe aí crenças limitantes. Mude a sua sintonia e elimine primeiro a sua carência afetiva. Pratique o Ho'oponopono, depois reveja alguns comportamentos. Muitas vezes, esquecemos que o dar precisa estar alinhado ao compromisso de retribuição.

Posso fazer Ho'oponopono para atrair dinheiro?

A técnica não é usada com essa finalidade, mas ela pode desbloquear crenças limitantes que não permitem que enxergue as oportunidades e a prosperidade. Então, faça uma petição para desbloquear sua vida financeira, mas invista em você, em conhecer melhor o assunto financeiro e a energia da prosperidade.

Tem um familiar doente, posso fazer Ho'oponopono?

Pode sim, essa doação é importante, ela vai gerar a energia da saúde, do bem-estar, eliminando aos poucos as energias paradas, estagnadas, e vai direcionar a pessoa ao equilíbrio e a cura.

Meu filho está indo para o caminho das drogas, o que faço?

Bem, use o Ho'oponopono para limpar as nuvens negras da carência, revolta e desamor do seu filho, e não se esqueça, diga: EU TE AMO, abrace-o, elogie-o quando puder, acompanhe-o de perto, essas são as chaves do resgate, que de alguma forma faltaram.

Tenho muita sensação de abandono dentro de mim, o que fazer?

O Ho'oponopono vai limpar essa sensação, mas é necessário que faça as pazes com seu passado, com sua ancestralidade e sua criança interior. É esse o caminho da cura; reconciliação é o melhor caminho, abra seu coração, aceite a sua jornada.

Não aceito as atitudes de minha mãe, o que fazer?

Trabalhe muito o Ho'oponopono em sua vida, uma parte dela está dentro de você, é necessário amor, perdão e aceitação, limpando assim a raiva, o sentimento de rejeição. Isso ajuda a estreitar laços.

Tenho cinco desejos ao mesmo tempo para pedir, o que faço?

Primeiro que a palavra não deveria ser pedir e sim limpar, então comece um por um, mas de forma separada, de forma prioritária. Determine o que está bloqueando seu objetivo e, assim, limpe um de cada vez.

Posso usar a japamala para me concentrar na oração?

Pode sim, ela pode direcionar a sua atenção, seu foco e concentração. A japamala, antes de tudo, é um contador de orações, como um rosário ou terço, mas não se fixe em fazer os mantras 108 vezes, isso não faz nenhum sentido, pois o Ho'oponopono não é indiano, nem budista, e não segue essa proposta.

Quero usar os meus mestres da fraternidade, anjos e outros seres de luz junto ao Ho'oponopono, posso fazer isso?

Na verdade, isso fica a seu critério, se vai impulsionar a sua força espiritual, ótimo, mas não passe isso adiante, pois cada um tem sua opção pessoal. Ao ensinar alguém, use a base, o simples, a forma pura.

Em que horário devo praticar o Ho'oponopono?

Não há um horário definido, escolha o melhor tempo, porém, tente se disciplinar em sempre realizar no mesmo horário escolhido, ou seja, o ideal é: acolher-se sempre no mesmo período, para que se torne um hábito.

Tenho de falar todas as palavras de luz, os mantras?

Sim, eu acredito fielmente que essa seja uma forma integral do processo, use-as como palavras de luz, ou seja, quanto mais luz melhor.

Dr. Paulo, é melhor fazer a oração em voz alta ou baixa?

Esse detalhe fica ao seu critério, não existe nada que abone ou desabone esse ponto. Em geral, indico que digam em tom de voz médio, assim, a concentração é melhor, mas isso é uma escolha individual.

Tem um tempo certo para colher os resultados da oração?

Não, cada caso é um caso, já vi resultados em um dia, outros em um ano, tudo depende da sua verdade interna e, claro, da sua resistência e bloqueios a determinadas situações. Não foque em resultados, a ansiedade acaba atrapalhando todo o processo, apenas faça e deixe a divindade, a seu tempo, realizar a limpeza.

Tem como acelerar o processo de limpeza?

Sempre que nossa intenção é positiva e nossa verdade interna está se expandindo rumo à limpeza, tudo se conecta e se relaciona no tempo e na forma certa. A natureza sempre tem um fluxo, um ritmo, precisamos entender isso, não há necessidade de se acelerar nada. E mais, ao pensar assim, a sua energia curadora está desalinhada, a sua percepção sobre todo o universo de cura é imatura e egoísta, não há tempo no universo, só na nossa mente ansiosa.

Se os bloqueios continuarem o que faço?

A palavra aqui é persistir. Todos os dias, faça a oração, reveja o objetivo, e pratique aos poucos. Tenha certeza, a limpeza vai ocorrer no seu subconsciente e consciente e terá ótimos resultados.

Às vezes, durante a oração, eu choro, isso é normal?

Sim, é uma forma de limpeza é o divino realizando um contato interno, mexendo nas feridas, algumas que até mesmo desconhecemos.

Tenho dor de cabeça depois de fazer a oração, é normal?

Isso é comum nas primeiras vezes, é um reajuste vibracional e físico, pode ainda ocorrer choro, diarreia e vômito. Mas continue, são simples sinais de limpeza.

Se eu estiver ouvindo alguma oração em CD, como Ho'oponopono, perdão ou oração ancestral, e acabar dormindo, funciona assim mesmo?

Sim, funciona, a oração entra em toda nossa mente e, aos poucos, tem o poder de alterar nossas estruturas mentais e energéticas.

Às vezes, durante o Ho'oponopono tenho algumas visões, isso pode acontecer?

Tudo pode acontecer, mas foque sempre na limpeza, no objetivo. Existem momentos em que queremos que alguma mágica se realize em nossa vida, não se fixe a isso.

Dr. Paulo, é verdade que após eu fazer a oração podem acontecer sinais?

Sim, isso mesmo, sinais são respostas que vem em sonhos, ou mensagens através de pessoas, ou ainda algumas situações do cotidiano ou ocorrências da vida. Esteja aberto, muito aberto, elas sempre têm algo a dizer. Então saiba interpretá-las.

Quais são os pontos fundamentais para eu praticar o Ho'oponopono?

Quatro pontos são necessários. A sua INTENÇÃO, se for egoísta, pense duas vezes. A CLAREZA, o FOCO, para não cair nas distrações e, por fim, ESTAR TUDO ALINHADO ao que você realmente quer. Eis a fórmula bem simplificada.

Posso usar as quatro palavras apenas para me equilibrar?

Sim, diante de alguma dificuldade emocional, no dia a dia, pode pronunciá-las. Isso permite abertura em seus caminhos, facilita o seu entendimento e o fluxo.

Estou sempre criticando os outros e sei que isso é um péssimo hábito, posso me libertar disso?

A grande verdade é que a crítica aos outros sempre está direcionada a você mesmo, não há crítica lá fora sem ela chegar e o atingir primeiro. Sem contar que ela está ferindo a alguém, e isso vai contra os princípios Hunas. Faça a prática para se libertar dessa repetição.

16

O Ritual Completo com os 12 Passos Originais do Ho'oponopono

ENCONTRAMO-NOS EM UM MUNDO MODERNO. Inúmeras são as facilidades que nos chegam no dia a dia. A tecnologia nos trouxe a rapidez; temos a nosso dispor tudo para facilitar nossa vida. O micro-ondas esquenta a comida em minutos; os celulares são poderosas redes de comunicação que em apenas um segundo tem a capacidade de enviar uma mensagem a alguém a qualquer ponto do Planeta e, nesse fluxo contínuo de rapidez, precisamos de alguma forma seguir e acompanhar tudo. Para ter uma breve noção de como as atualizações são constantes, se hoje um médico ficar em coma por pelo menos quatro anos, em seu retorno é certo que ele não poderá mais exercer sua função sem antes se atualizar, resumindo: tudo é muito rápido.

Embora o ritmo de nosso desenvolvimento tecnológico seja rápido, nosso avanço moral ainda está em velocidade baixa. Em se tratando de emoções, pode ter certeza que o tempo de maturação, entendimento e de avaliação é outro. Existem determinadas experiências da vida na qual precisamos de um tempo para processá-las, diferente do que a atualidade nos impõe.

Por que digo tudo isso? Por um motivo simples e justo, o Ho'oponopono, hoje, tem uma estrutura atualizada, ele é simples, curto, rápido de ser realizado, e isso é o que a maioria das pessoas desejam atualmente, velocidade!

Mas eu aprecio o processo de forma integral, avalio que a conexão com a divindade na qual nos encontramos completamente distante é o ponto chave, alvo de tudo. Analisando os 12 passos originais do Ho'oponopono, reconheço nele uma grandeza espiritual sem limites, por isso, descrevo agora o procedimento de forma integral, prática originalmente realizada pela Kahuna Simeona, e que poderá proporcionar uma trilha segura de resultados eficazes, de conexão, crescimento e cura.

Os doze passos realmente levam um tempo muito maior em sua execução, você pode fazê-lo todas as semanas e usar a petição atualizada diariamente, como eu faço, garanto que sua vida será mais rica de abundância e entendimento espiritual.

1. A Conexão Interna

Vamos realizar a conexão com a mente consciente fazendo a oração a seguir.

DIVINO CRIADOR, PAI, MÃE CRIANÇA EM UM (subconsciente, consciente, Deus interno).

Ó, meu Filho (aqui é o consciente falando com o subconsciente)

Perdoa todos os meus erros em pensamentos, palavras, atos e ações, que acumulei e o submeti a ao longo das eras?

Hoje, eu, como sua Mãe, o perdoo por todos os seus erros, medos, ressentimentos, inseguranças, culpas e frustrações.

Venha, segure minha mão e respeitosamente peça ao Pai para se juntar a nós. E de mãos dadas, como uma unidade de dois, por favor, peça novamente ao Pai para nos unir e fazer de nós três uma unidade.

Deixe o amor fluir de mim para você e de nós para o PAI.

Deixe o Divino Criador nos abraçar no círculo do Amor Divino.

2. Porque "Eu" Sou a Paz

Conexão com nossa criança interior – subconsciente.

EU SOU A CRIANÇA DE DEUS, permitindo o Amor Divino e a Inteligência Divina se moverem e se expressarem em mim e através de mim, dos meus negócios, tanto pessoais como universais, do equilíbrio, ideias perfeitas, relacionamentos perfeitos e ambientes perfeitos, na hora certa.

Estou, e sempre estarei, no lugar certo na hora certa, para o meu crescimento individual, sucesso pessoal e felicidade, permitindo-me usar totalmente os meus talentos nesta vida para o meu bem e de outros.

Condições certas, relacionamentos e ideias para um futuro construtivo, podem e serão alcançados, através da minha completa aceitação, entusiasmo, fé e humildade de espírito com o meu DIVINO CRIADOR, PAI e UNICIDADE DA VIDA. Vou conhecer e compreender verdadeiramente, a experiência de vida satisfatória, da água da vida que mereço ou equivalente para me sustentar agora, sempre e eternamente.

POIS EU SOU A PAZ!

Observação: aqui há uma revelação poderosa. Seu significado é que tudo está no lugar certo, do modo certo, apenas esperando nossa aceitação, para que possamos nos adaptar e fluir.

3. Respiração (HA)

Conhecida como respiração da vida, é um método de acumulação de energia vital. Vou explicar como se faz um ciclo, o ideal é fazer, ao todo, nove ciclos com essa respiração.

- Inspire o ar pelo nariz (contando mentalmente até sete) – energizando cada parte do seu corpo.
- Segure o ar, mantendo seu pulmão cheio (contando mentalmente até sete) – permitindo ao seu corpo descansar.
- Expire (solte) o ar totalmente (contando mentalmente até sete) – liberando todas as impurezas, pense: EU DEIXO IR.
- Mantenha os pulmões vazios (contando mentalmente até sete) – permitindo ao seu corpo ir se ajustando à serenidade e à paz.

Lembre-se de que contar até sete, não significa necessariamente sete segundos, é uma contagem que deve ser feita há seu tempo, no seu ritmo.

4. Petição de Abertura

Começa aqui a abertura, a ponte, a conexão do EU com o DIVINO. Apenas diga:

EU SOU o EU
EU venho do vazio à luz,
EU sou o sopro que nutre a vida,
EU sou aquele vazio, o oco além de todas as consciências,
O EU, o ID, o TODO.
EU vejo o meu arco dos arco-íris atravessando as águas,

O continuum de mentes com matéria.
Eu sou a inspiração e a expiração do sopro,
A invisível, inabalável brisa,
O indefinível átomo da criação.
Eu sou o Eu.

5. Petição do Arrependimento

Entre o indivíduo/grupo e o Divino Criador. Faça a oração.

Divino criador, pai, mãe criança em um,

Se eu (diga seu nome), a minha família, parentes e ancestrais lhe ofendemos em pensamentos, palavras, atos e ações desde o início da nossa criação até o presente, nós pedimos seu perdão.

Por favor, limpe, purifique, liberte, corte e libere todas as energias e vibrações indesejáveis que temos criado, acumulado e/ou aceitado desde o início da nossa criação até o presente.

Por favor, transmute todas as energias negativas e/ou indesejáveis para a pura luz.

Estamos livres! Estamos livres! Estamos livres!

Assim está feito!

6. Ho'oponopono

Limpeza e Solução de Problemas. Faça as orações.

Primeira Oração

DIVINO CRIADOR, PAI, MÃE, CRIANÇA EM UM,

Se eu, (diga seu nome) minha família, parentes e ancestrais ofendemos a ti, à sua família, parentes e ancestrais em pensamentos, palavras, atos e ações desde o início da nossa criação até o presente, humildemente pedimos a todos o perdão por todos os nossos medos, erros, ressentimentos, culpas, ofensas, bloqueios e apegos que criamos, acumulamos e aceitamos desde o início da nossa criação até o presente.

Deixe a inteligência divina incluir todas as informações pertinentes que nós consciente ou inconscientemente omitimos.

Respire.

Segunda oração

NÓS PERDOAMOS. Deixe a água da vida nos libertar de todo laço espiritual, mental, físico, material, financeiro e escravidão cármica. Retire do nosso banco de memória, libere, corte e elimine as memórias e bloqueios indesejáveis ou negativos que se ligam e nos mantêm juntos.

Limpe, purifique e transmute todas estas energias indesejáveis em PURA LUZ. Preencha os espaços destas energias indesejáveis com a LUZ DIVINA.

Deixe que a ordem divina, a luz, o amor, a paz, o equilíbrio, a sabedoria, a compreensão e a abundância se manifestem para todos nós e em nossos negócios, através do poder divino do DIVINO

CRIADOR, PAI, MÃE, CRIANÇA EM UM, em quem nos apoiamos, respeitamos e temos nosso SER, agora, sempre e eternamente.

estamos livres! estamos livres! estamos livres!

ASSIM ESTÁ FEITO!

Terceira Oração

DIVINO CRIADOR, PAI, MÃE, CRIANÇA EM UM,

Eu, minha família, parentes e ancestrais desejamos fazer um Ho'oponopono das seguintes propriedades, lojas, pessoas, objetos, transações, átomos e moléculas, famílias, parentes e ancestrais.

Se houver espíritos presos à Terra e/ou vibrações negativas dentro ou em torno deles, ou se houver pessoas falecidas que ainda estejam presas à Terra, nós humildemente pedimos perdão em seus nomes e pedimos a divindade para que elas sejam limpas, purificadas e liberadas para o caminho da PURA LUZ. Elas não mais vão ficar presas à Terra. Nós as liberamos para o caminho da LUZ DIVINA da mesma forma que elas nos liberam.

Nós, incluindo as propriedades, lojas, pessoas, famílias, parentes e ancestrais, objetos, rituais, as transações, os átomos e moléculas…

Estamos todos livres! Estamos todos livres! Estamos todos livres!

ASSIM ESTÁ FEITO!

7. Liberação

Deixe ir – liberar. Faça a oração.

DIVINO CRIADOR, PAI, MÃE, CRIANÇA EM UM,

Eu, minha família, parentes e ancestrais mentalmente nos desapegamos de todos os envolvidos neste processo de limpeza incessante.

Cortamos todos os cordões Aka.

Estamos livres! Estamos livres! Estamos livres!

ASSIM ESTÁ FEITO!

8. Purificação

Esse é um processo de visualização – feche os olhos e mentalize. Imagine-se em um banho, com as cores: azul-índigo, verde-esmeralda, azul-gelo e branco. Sinta as cores envolvendo-o do topo da cabeça aos pés.

O ideal é que você procure conhecer, ou mesmo ter alguns objetos, com essas cores para facilitar a visualização.

Vamos repetir por 7 (sete) vezes esta afirmação.

ESTAMOS MENTALMENTE NOS BANHANDO do topo da cabeça aos pés com as cores: azul-índigo, verde-esmeralda, azul-gelo e branco.

9. Transmutação

Deixo a Divina Inteligência aprovar a liberação e transmutação de todas as toxinas e as vibrações negativas em pura luz.

Deixo a Divina Inteligência manifestar harmonia, amor, sabedoria, ordem, equilíbrio, relacionamentos perfeitos e corretos, ideias, fontes de riqueza, sustento e energias.

Pedimos humildemente para sermos cercado por círculos dourados.

Estamos livres! Estamos livres! Estamos livres!

Assim está feito!

10. Petição de Encerramento

A Paz do Eu – Faça a oração.

Que a Paz esteja contigo, toda a minha paz,

A paz que é o eu, a paz que é o eu sou,

A paz continua, agora, sempre e eternamente.

A minha paz eu dou para ti,

A minha paz eu deixo contigo.

Não a paz mundial, mas, apenas a minha paz,

A paz do eu.

11. Respiração (HA)

Faça a respiração HA, lembre-se do ciclo e faça por sete vezes apenas.

12. Agradecimento

Encerramento.

NÓS AGRADECEMOS AO DIVINO CRIADOR, a nossa família interior – Pai, Mãe e Criança, as Forças Divinas de todos os universos, as Forças Divinas dos reinos mineral, vegetal e animal. Nós incluímos os seres animados e inanimados, como moedas e seus meios de troca, documentos, cartas, equipamentos, objetos, sons da fala, pensamentos, atos e ações, até mesmo uma célula microscópica ou partícula de poeira que participaram ou foram incluídas nesse processo de limpeza incessante.

Nosso reconhecimento às forças da natureza, do ritmo, da paz, da liberdade do equilíbrio, da Terra, do mundo, dos universos e dos Cosmos. Que o EU possa sempre abençoar todos os envolvidos no processo Ho'oponopono.

Estamos livres! Estamos livres! Estamos livres!

ASSIM ESTÁ FEITO!

Dos doze passos descritos aqui, realizei a retirada de algumas palavras em havaiano com o propósito de trazer clareza e fiz a inserção de alguns comentários.

17

Petições

Exemplos de petições que podem ser realizadas em suas práticas diárias

Veremos agora alguns exemplos de petições, mas, antes, lembre-se: toda consciência que emprega esforços, com sinceridade em suas intenções, com objetivo na cura, no amor, perdão e gratidão, sempre terá imediata conexão com a divindade.

Toda petição se inicia com a conexão com o divino. Nesse momento use a palavra de conexão que pode ser Divindade, Deus, Criador, Divino Criador, ou outra nomeação na qual se sinta conectado. Portanto, deixo aqui uma sugestão: ao nomear a primeira palavra, quanto mais simples for, melhor.

A expressão "limpe em mim" é outra nomenclatura, obrigatória, como um pedido e reconhecimento da necessidade de limpar algo em si mesmo.

O restante da petição depende exclusivamente do seu objetivo, deixamos aqui alguns exemplos práticos para que possa usar inicialmente em suas propostas.

Temos o primeiro grupo, que eu chamo de genérico, ou seja, o objetivo não é claro. A pessoa sabe que tem um bloqueio, mas não sabe exatamente o ponto, o alvo, então pede a Deus a limpeza de forma geral.

Vamos a alguns exemplos:

Divindade, limpe em mim o que está contribuindo para este problema.

Divindade, limpe em mim as causas desse problema.

Divindade, limpe em mim o que me impede de alcançar meu objetivo.

Divindade, limpe em mim todas as causas desse problema.

Divindade, limpe em mim todos os problemas do meu relacionamento.

Divindade, perdoe-me por tudo o que está em mim criando esse problema.

Deus, limpe em mim todos os conflitos com a _____ *(nome da pessoa).*

Deus, limpe em mim o que está contribuindo para _____ *(diga a situação).*

Diante dessas petições, ajuste-as à sua realidade, lembrando de que quanto mais simples for, mais eficiente será. Deus não está preocupado com o tamanho da sua declaração, mas sim com sua intenção, sinceridade e amor envolvidos em seu pedido. Vou dar um exemplo da complexidade de que muitas pessoas procuram, acreditando que a petição rebuscada tem seu efeito ampliado, o que não condiz com a verdade:

Divindade celestial cósmica universal, limpe em mim, que sou plena em amor e paz...

Essa é a versão egoica, retórica e revestida de uma roupagem extremamente incoerente.

Segue outras petições focadas em três áreas distintas:

Relacionamentos Afetivos

• Quando a pessoa tem mágoas, ressentimentos, raiva, frustrações que são causadas por alguma decepção amorosa ou infidelidade.

Deus, limpe em mim todas as mágoas, ressentimentos, raiva em relação ao _____ (diga o nome da pessoa).

Nesse processo lembre-se de que o primeiro e mais importante passo é a aceitação, afinal, já temos o acontecimento instalado, agora é preciso limpar, limpar, limpar e claro, reajustar os relacionamentos para que ele seja saudável.

• Quando existe um processo de separação, divórcio.

Deus, limpe em mim todas as emoções negativas devido ao meu relacionamento com _____ (diga o nome da pessoa).

Diante desse processo é preciso aceitar a nova realidade. Às vezes, a petição precisa ser voltada para esse objetivo, e assim, lembrá-lo de que tem dentro de si todo potencial para eliminar a codependência e seguir em frente. É preciso apenas acreditar mais em si próprio.

• Quando por algum motivo fica bloqueado de se relacionar novamente.

Deus, limpe em mim, tudo o que está me bloqueando de alcançar um novo relacionamento saudável.

Isso pode ser indicativo de vários sabotadores e autobloqueios, que nem sempre são fáceis de serem identificados.

- Quando a pessoa passa por repetições frequentes de separações amorosas.

Deus, limpe em mim tudo o que está causando as minhas separações afetivas.

Tente se aprofundar e encontrar as causas. Uma vez conscientes delas, dos mecanismos envolvidos, podemos objetivamente trabalhá-los. Há pessoas que se doam demais, outras que são inflexíveis, outras ainda que afastam parceiros ou parceiras pelo simples fato de sempre querer tudo ao seu modo. Chegou a hora de se autoanalisar.

- Quando a pessoa tem problemas com pai ou mãe – quando o sentimento é de rejeição ou abandono.

Deus, limpe em mim todo o sentimento de abandono e rejeição em relação ao (meu pai ou minha mãe).

Busque entender a situação causadora que certamente está vinculada a sua infância, acolha a experiência, agradeça-a e veja que hoje está no lugar e no momento certo para se libertar dela com gratitude.

- Quando alguém se sentiu injustiçado com alguma atitude dos seus pais, que culminaram em uma ferida emocional.

Deus, limpe em mim todo o sentimento de injustiça em relação ao (meu pai ou minha mãe).

Busque reconhecer a possibilidade de que algum episódio de infidelidade dos pais tenha gerado essa ferida.

- Quando sentimos por algum motivo desconhecido um desvinculamento de nossa família.

Deus, limpe em mim todo sentimento de desconexão com a minha família.

Sugiro a realização diária da prece ancestral, para fortalecer sua energia pessoal.

Conclusão: para que possa definir o objetivo da sua petição, dê um mergulho para dentro de si mesmo, esse é o propósito da autoanálise. Comece a verificar as emoções envolvidas, em geral elas são disparadas por acontecimentos atuais e não necessariamente essa raiva estava diretamente relacionada ao fato em si, mas ela despertou algo no passado mal resolvido.

Para exemplificar: tive uma cliente que discutiu com o marido. Durante essa discussão, várias e várias palavras foram ditas de um para o outro. Em dado momento, ela se sentiu completamente diminuída, o que disparou um sentimento de inferioridade e, consequentemente, rejeição. A causa não era a discussão, nem a pessoa com quem discutia, após uma breve investigação, foi revelado que o alvo da sua ferida estava relacionado à maneira que o seu pai a tratava diante de pessoas estranhas, o que a fez se sentir inferiorizada e envergonhada, dando início ao processo de reabertura de uma ferida escondida.

Lembre-se: conflitos em situações atuais podem disparar emoções dolorosas relacionadas à nossa infância, precisamos conhecê-las e limpá-las, para isso, criamos a regressão zero®.

Petições para Prosperidade

A maioria das pessoas acredita que abundância e prosperidade surgem sem esforço algum, que não há necessidade de investir em conhecimento, criatividade, educação e disciplina pessoal, basta apenas direcionar seus pedidos de fartura, riquezas, sucesso ao universo e você será atendido. Porém, se realizar uma pesquisa com inúmeras pessoas que alcançaram o sucesso nas mais variadas áreas, observará que isso não passa de ilusão, nada em nossa vida chega até nós dessa maneira, sem ação, conhecimento e determinação. É preciso sim, muito esforço e dedicação.

Pode ser que você tenha alguns bloqueios em relação à prosperidade, fruto de diversas heranças que não se alinham ao sucesso real. Pode ser crenças advindas de seus pais, devido limitações que tiveram no passado ou até mesmo de suas próprias limitações.

Acreditamos que nossos pais tinham a obrigação de serem empreendedores, empresários, terem sucesso, dinheiro, mas essa é uma pálida realidade, e muito ilusória. Em épocas atrás, nossos pais podem ter optado por nos dar segurança e estabilidade dentro de seus limites, ao invés de escolherem correr riscos. É fundamental aceitar que cada um de nós tem, dentro de si, um potencial e habilidades individuais e ancestrais, cujo foco de sua expressão não é necessariamente ganhar dinheiro.

Confundimos inúmeras vezes comodismo e estabilidade com medos, devemos lembrar que ter sucesso requer um perfil agressivo, dinâmico e diferenciado. Resumindo: cada um é um.

Fomos educados a estudar matemática, português, biologia, física e outras áreas do conhecimento, e esquecemos de nos educar em relação à área financeira e até mesmo nos relacionamentos.

Minha dica é: aprenda, aprenda e aprenda. Quando conhecemos como funciona a dinâmica do sucesso, de como chegar lá, estamos prontos para partir rumo a essa jornada de desafios.

Haverá bloqueios no caminho?

Sim. Esses bloqueios podem ser de ordem subconsciente, mensagens que vão nadar contra a sua corrente de disciplina, força de vontade e intenção. Então, use a prática do Ho'oponopono, limpe seu caminho e entenda que para tudo na vida precisamos investir. E que o tempo, a energia, na direção certa, transforma-se no caminho certo para aquilo que desejamos.

Encontre seus bloqueios e use as petições a seguir:

Deus, limpe em mim tudo o que está bloqueando meu sucesso profissional.

Deus, limpe em mim tudo o que está bloqueando meu sucesso financeiro.

Deus, limpe em mim tudo o que está gerando medos e inseguranças em meus negócios.

Deus, limpe em mim minha falta de clareza e direção em meus negócios.

Deus, limpe todo o sentimento de escassez dentro de mim.

Deus, limpe em mim todos os pensamentos que vão contra o fluxo do meu sucesso.

Petições para a Espiritualidade

Para atingir equilíbrio espiritual, precisamos de fé, e em um mundo repleto de medos, competitividade, stress, ansiedade, em que os valores morais estão em profundo desacordo com o amor e a felicidade, encontramos dificuldades em manter todas essas qualidades desperta, acabando, assim, nos sintonizando a padrões negativos, pensamentos ruminativos, muita preocupação e efetivamente pouca paz interior.

Antes de construirmos as petições sobre espiritualidade deixo aqui algumas dicas para que a sabotagem e os distrativos não o contaminem, sugando todas as suas forças e energias:

- Desligue um pouco a TV, ou se a manter ligada escolha com muita cautela o que vai colocar para dentro de você. Todo o conteúdo que ingerimos é como um alimento. Assim como existem alimentos gordurosos, ricos em carboidratos, saturados de conservantes, o mesmo acontece com as programações que apenas insuflam medo, culpas, desconfianças, inveja, ciúmes e traz um estado de espírito inadequado ao seu crescimento.

- Conecte-se mais à natureza. Essa ligação nos torna menos ansiosos, mais calmos, temos um manancial de energia à nossa disposição.

- Mantenha a mente limpa, harmoniosa, escute músicas saudáveis, leia livros, explore o mundo e esteja presente em tudo isso, não só de corpo, mas integralmente de alma.

- Pratique a limpeza dos agregados que tentam enfraquecer sua fé, sua paciência, sua compaixão.

Veja as petições a seguir:

Deus, limpe em mim todas as angústias e incertezas

Deus, limpe em mim tudo o que esteja abalando minha fé e minha força pessoal.

Deus, limpe em mim tudo o que está me afastando do meu caminho espiritual.

Apenas pratique.

18

Casos de Sucesso
– *Relatos*

Diariamente, recebo muitos relatos sobre o sucesso que as pessoas têm tido na prática do Ho'oponopono, alguns com resultados obtidos de forma rápida, outros seguindo o ritmo natural. Deixei aqui descritos os três casos de sucesso que mais me chamaram atenção pela sua complexidade:

Os nomes citados são meramente fictícios, mantendo completa a privacidade dos clientes.

Caso 1 – Imagine uma pessoa que passou por grandes dificuldades na vida, principalmente em relação a perdas afetivas, quando perdeu seu contato emocional com o mundo, ergueu barreiras e couraças, uma vida de luto e se restringiu a muito trabalho e pouco prazer, deixando-a sempre mal-humorada, dura e imersa numa realidade hostil e insegura. Essa era a vida de Dona Alice.

Quando ela chegou a mim sua vida estava assim, sem brilho, sem energia, um tormento e total confusão. Começamos a montar sua história, avaliamos e aceitamos os fatos, buscamos entender todas as complexas lições, e montar como tudo a trouxe nesse exato momento para onde estava.

| 151 |

Aos poucos, ela foi praticando o Ho'oponopono, primeiro começou a aceitar tudo com uma tonalidade diferente. Ela estava saindo do que chamo de "vida em preto e branco". Depois começou a se sintonizar na proposta da responsabilidade, saindo do aspecto de vítima e saboreando o seu poder de fazer escolhas, de dizer sim e não. Na sequência, ela chegou à parte mais difícil, se perdoar e perdoar mágoas. E, por fim, a gratidão permeou sua vida. Não foi um processo tão longo graças a sua decisão de mudar, mas foram inúmeros desafios.

Hoje, Dona Alice está renovada, claro que tem seus problemas, mas está sempre buscando por soluções. Ela está mais calma, em paz, centrada e com uma incrível sabedoria.

CASO 2 – Márcia chegou ao meu consultório pesando mais de 120 quilos, seu problema não era obesidade, mas sim altas doses de corticoides aplicados devido a um processo de grande dificuldade respiratória. Começamos por realizar a regressão zero, sem mudar absolutamente nada em seu tratamento médico, simplesmente buscando algumas causas emocionais escondidas.

Em uma de suas experiências na regressão autoaplicável, ela sonhou que quando era pequena, com seus 4 anos de idade, seu avô a trancava em casa sozinha e não a deixava sair, e isso colocava-a num estado de medo profundo. Eu pedi a ela para investigar esse fato com sua mãe para ver a veracidade e, para o nosso espanto, sua mãe relatou e confirmou que, quando ela era pequena, seu avô batia nela pelo simples fato de fazer qualquer coisa que ele desaprovasse e, como castigo, a trancava no armário por horas a fio. No armário escuro do quarto, ela sentia claustrofobia, sua respiração ficava pesada e o medo era constante, isso ficou registrado em seu subconsciente como uma ferida, mas não era revelado no consciente como uma forma de segurança, porém, em um dado momento da sua vida, algum episódio fez disparar esse processo.

Marcia fez o Ho'oponopono por semanas, diminuindo progressivamente a falta de ar até o momento de não possuir mais esse incômodo. Seu médico suspendeu a prescrição medicamentosa. Após alguns meses, por consequência, ela emagreceu, e hoje se sente mais leve em relação a tudo, a aceitação e o perdão foram instalados, e a reconciliação feita.

CASO 3 – Marta tem seus 50 anos de idade e tem uma doença psicológica chamada *acumuladora compulsiva*. Ela tem tanta coisa acumulada em sua casa, que chega a ser toneladas desses objetos. Eu não diria que chega a ser lixo, pois são peças guardadas, largadas ou simplesmente jogadas, com ou sem valor. Durante a prática de Ho'oponopono, montamos uma estratégia para fazer a limpeza de maneira cautelosa e num ritmo quase imperceptível a qualquer um, afinal sabemos que qualquer movimento mais acelerado em relação a essa desconexão pode causar um grande impacto negativo.

O mais interessante é que, se alguém tomasse a liberdade de jogar algo sem a sua permissão, Marta ficava adoecida e era hospitalizada imediatamente com sintomas que a fazia correr risco de ter sequelas irreparáveis.

Começamos a analisar sua infância, onde havia rastros de abandono e rejeição. O processo seria difícil, mas Marta tinha uma chama incrível de entendimento, algo que despertaria sua recuperação em pouco tempo. Eu mesmo, acompanhando-a por meses, fiquei surpreso. Pouco a pouco ela começou a entender os mecanismos do acúmulo e trouxe à sua consciência de que tudo aquilo, antes de tudo, estava estagnado dentro dela, em formas de feridas do passado. Ao estabelecer uma conduta de aceitação, liberação e entendimento, ela conseguiu dar uma tremenda guinada em sua vida, realizando uma limpeza emocional dinâmica. Quase 90% do acúmulo tanto interno quanto externo já havia sido liberado, coube a ela apenas seguir com a consciência de limpar constantemente.

Simplesmente surpreendente, Marta é uma mulher de muita força e coragem. Mas, todo esse potencial, estava escondido debaixo de tanto "lixo" depositado ao longo de sua vida. O crédito também vai para a família que a apoiou durante essa jornada de desafios.

Devo ressaltar, que nenhuma terapia é feita apenas de casos de sucesso, existem pessoas que têm vários bloqueios, estão revoltadas com Deus, com a vida, com várias pessoas e consigo mesmas. Não aceitam suas responsabilidades, estão alicerçadas no orgulho e não querem resolver de forma alguma as suas pendências. Algumas dessas pessoas chegam a praticar o Ho'oponopono, mas é como se o fizesse sem propósito algum, ou mesmo confiança e força.

19

Ho'oponopono e Constelação Familiar

Anteriormente, falamos sobre o poder da ancestralidade, acredito ser justo deixar aqui algumas revelações importantes sobre os aspectos familiares, que são a fonte de profundos bloqueios e de alguns movimentos que pode nos impedir o crescimento.

Constelação familiar é uma ferramenta terapêutica baseada nos trabalhos do alemão Bert Hellinger, no qual, de modo simples e dinâmico aborda o foco na reparação do amor familiar e na reconciliação de aspectos que podem estar indo na direção oposta da força amorosa.

Muitas vezes podemos observar vários fenômenos ocorrendo no seio familiar, como, exclusão de um membro, a quebra ou troca de hierarquia, um desequilíbrio entre a troca de amor e outros pontos que desestabilizam e desestruturam, não só o indivíduo isoladamente, mas também a família a qual pertence.

A Constelação Familiar busca determinar as questões mais profundas dessas ocorrências, trazer toda a consciência, ajustar os comportamentos, entender cada um em seu processo de forma individual e em conjunto e promover os ajustes.

Muitas e muitas mudanças na estrutura familiar podem estar causando diversos problemas na vida das pessoas, as mais comuns: a pessoa não consegue ter relacionamentos duradouros, ou não consegue se relacionar, abrir-se para uma relação; não consegue ter sucesso financeiro na vida; não consegue se ajustar com sua mãe ou pai, ou mesmo com seus filhos. Casos implicando vícios, problemas de traição, sofrimento devido à baixa afetividade, sensação de exclusão e abandono, dores por injustiças, codependência emocional e uma centena de outros problemas também podem ser derivados do desajuste familiar.

Essa ferramenta especial que é a Constelação Familiar, tem uma determinante similaridade com o Ho'oponopono no quesito aceitação, libertação e liberação.

Uma vez encontrada as causas reais, realinhando o movimento para o crescimento e fortalecimento pelo uso constante do Ho'oponopono como um fator de desbloqueio e limpeza, pode ter certeza, o sucesso é garantido no que diz respeito ao seu equilíbrio ao centro, onde justamente se encontra a leveza para viver melhor, nos sentindo integrados.

Vamos a um exemplo para você entender a integração de ambas ferramentas de forma complementar.

Vera chegou ao consultório completamente desestruturada emocionalmente. O seu companheiro de anos de relacionamentos praticou a infidelidade, ela estava decepcionada, frustrada, com raiva e em plena confusão mental, ou seja, a perda no equilíbrio fez ela parar de tomar decisões adequadas.

A primeira fase do trabalho foi trazê-la ao centro, ao equilíbrio, permitir que ela expressasse todas as emoções, jogar tudo para fora, mas, aos poucos, trabalhando causas e soluções.

Com o tempo, ela foi se mostrando mais confiante, e começou a aceitar alguns aspectos necessários, então fizemos a indicação da constelação.

Vera pode verificar a presença de muitos padrões repetitivos e distúrbios na relação de dar e receber, percebendo a sua coparticipação no processo de afastamento.

Uma vez identificado e ajustado o seu movimento e percepções, o Ho'oponopono entrou como a ferramenta exata para limpeza.

Após alguns meses, Vera estava fortalecida. Não que o mundo tenha perdido a tonalidade cinza causada por sua perda efetiva, muito pelo contrário, ela ainda sentia suas dores, afinal somos humanos, mas agora Vera tinha uma nova perspectiva e uma energia renovadora para seguir em frente, rumo às suas novas conquistas.

Ho'oponopono e Constelação Familiar são duas práticas conciliatórias que se encaixam com plena perfeição, certamente por ambas terem suas profundas raízes alicerçadas em filosofias que desafiam o homem comum a se integralizar ao fascinante processo do genuíno amor.

20

Considerações Finais

Há muitos anos, quando entrei em contato com essa fascinante ferramenta pela primeira vez, eu a entendi como uma técnica de limpeza que, de acordo com milhares de relatos, era funcional. Porém, ao realizar pesquisas contínuas sobre o tema, pude verificar que não se tratava somente de um punhado de palavras nas quais você mecanicamente as repetia. Aliás, isso não faz sentido algum, embora muitas pessoas ainda acreditam que se trata apenas disso; a velha crença de apenas pedir e pedir. Essa técnica, na verdade, é muito mais profunda do que imaginamos.

Ho'oponopono é o caminho para entender uma reveladora filosofia de vida, que desvela aos nossos olhos um mundo inteiramente genuíno, no qual floresce inúmeras possibilidades renovadoras de cura, e claro, para que possamos viver bem e melhor.

A grande expressão do Ho'oponopono é nos colocar na dimensão exata de sermos divinos criadores, dando-nos a consciência de que somos parte integral da criação e do Criador, e de que estamos mergulhados em uma experiência de contínuo crescimento, a experiência da vida. Somos responsáveis por ela, e temos a oportunidade de expressar nosso amor através dela.

A filosofia Huna nos oferta certa clareza sobre os processos da vida e nos concede oportunidade de atingirmos gradativamente a iluminação espiritual. O Ho'oponopono é a grande ponte dessas descobertas, e elas podem chegar até você como chegou até mim, de forma simples e descompromissada. Porém, a cada passo que der em direção ao seu entendimento e prática, tudo vai lhe proporcionar também, uma grande sabedoria.

Que a busca constante seja sempre a bússola para o seu crescimento. Agora é com você, a palavra mágica é PRATICAR!

Desejo pleno sucesso em sua jornada!

Contato com o autor:

e-mail: dr.paulo.valzacchi@gmail.com
site: www.crescimentoesabedoria.com.br
cursos: www.cursosterapia.com